DIE WELTSENDUNG DES HEILIGEN GR
IM PARZIVAL DES WOLFRAM VON ESCHEN

ARTHUR SCHULT

Die Weltsendung des Heiligen Gral im Parzival des Wolfram von Eschenbach

TURM BÜCHEREI

2. Auflage

TURM VERLAG - BIETIGHEIM / WÜRTTEMBERG

ISBN 3—7999—0172—8

Gesamtherstellung: Verlagsdruckerei Otto W. Zluhan, 7120 Bietigheim
TURM VERLAG, 7120 Bietigheim

Inhaltsverzeichnis

Vorwort

Das Christentum ist eine mystische und weltumgestaltende, kosmische Tatsache, viel weiter und größer als der Bereich des historisch-kirchlichen Lebens. Seine Wirkungen erstrecken sich nicht nur auf eine einzelne Kultur, sondern auf die ganze Menschheit, ja nicht nur auf diese, sondern auf das Schicksal unseres Sternenkosmos. Das bezeugen sowohl die geistig schauenden Autoren des Neuen Testamentes als auch zahlreiche große Mystiker und Gnostiker, deren Bewußtsein ins Kosmisch-Supramentale geweitet wurde.

In besonders ergreifender Weise spricht sich das aus in den großen Menschheitsdichtungen wie Dantes *Göttlicher Komödie* und Wolfram von Eschenbachs *Parzival.* Der englische Dichter Thomas S. Eliot sagt in Bezug auf die Göttliche Komödie: „Dante und Shakespeare teilen die moderne Welt unter sich, einen Dritten gibt es nicht." Gewiß kann sich Wolframs Parzival in künstlerischer Vollendung nicht messen mit Dantes Epos, das der weltbaumeisterlichen Architektur unserer großen Kathedralen vergleichbar ist. Aber die Gralssage, wie Wolfram sie poetisch gestaltet hat, quillt aus den gleichen geheimnisvollen Tiefen empor wie Dantes Dichtung. Auch sie ist Zeugnis echter christlicher Einweihung.

Die neuere Forschung hat dargetan, daß Dantes Initiation vermittelt war durch die Esoterik des Tempelritterordens, der eine Brücke zu schlagen suchte zwischen Okzident und Orient durch Entwicklung eines weltweiten, esoterischen Christentums. Zur Zeit Wolframs waren die Gralsströmungen eng verbunden mit der Esoterik des Tempelritterordens, mit dem Minnesang der provenzalischen Troubadoure und den mystisch-religiösen Lehren der neumanichäischen Katharer. Die Übereinstimmung zwischen Gralsrittern und Tempelrittern wird bei Wolfram von Eschenbach schon daran erkennbar, daß die Gralsritter von ihm „Templeisen" genannt werden, d. h. Templer. Als seine Hauptquelle nennt Wolfram den Provenzalen Kyot, der seinerseits die Sternenkunde vom Gral überliefert fand in einer arabisch-astrologischen Schrift, die auf manichäisch-persische Quellen zurückgeht.

Der manichäisch-persische Quellgrund von Wolframs Dichtung zeigt sich in vielen Einzelheiten und im gesamten Ethos seines Werkes, in der Art, wie der strebende Mensch hier in den Kampf zwischen Licht und Finsternis hineingestellt wird. Die Parzivaldichtung in diese großen geistesgeschichtlichen Zusammenhänge einzuordnen und sie anschließend als Einweihungsschrift zu deuten, ist das Hauptanliegen des Verfassers.

Er weiß, daß auch auf dem Gebiete literaturwissenschaftlicher Quellenforschung für die epischen Dichtungen Wolframs Wichtiges geleistet worden ist. (Erwähnt sei nur die gründliche Arbeit von Bodo Mergell, *Wolfram von Eschenbach und seine französischen Quellen,* Teil I Münster 1936, Teil II Münster 1943.) Doch dürfte hier vieles anders gesehen und beurteilt werden, wenn erst der Inspirations-Charakter der Gralsdichtung erkannt und diese als Einweihungsschrift verstanden wird.

Die Gralslegende hat die Pflege eines esoterischen, geistig schauenden Christentums zum Inhalt, wie es in der Neuzeit von Paracelsus, Jakob Böhme, Emanuel Swedenborg, Jakob Lorber, Rudolf Steiner und Paul Sédir vertreten wurde. Wer den Weg des Parzival geht, der dringt durch zu einem ins Kosmische und Überkosmische geweiteten Bewußtsein.

Wolframs Gralsdichtung klingt aus in einen gewaltigen Sehnsuchtsruf nach dem, was dem Abendland, der abendländisch-christlichen Kirche verlorenging, nach einer echten, geistig schauenden Gnosis. Heute aber ist der Weg frei für eine Erneuerung der Weisheit des heiligen Grals, in der westliche und östliche Geistigkeit ihre Versöhnung miteinander feiern werden. Eben darum gewinnt die Parzival-Dichtung Wolfram von Eschenbachs heute eine neue Aktualität. Gralsmysterien sind Menschheitsmysterien.

Arthur Schult

I. Die Quellen der Gralsdichtung

Wenn wir von der Weltsendung des Heiligen Gral im Parzival des Wolfram von Eschenbach und von den Quellen der Gralsmysterien sprechen, so müssen wir uns zunächst bewußt machen, daß die hohen Imaginationen der Gralsmysterien in die Tiefen des überpersönlichen Unbewußten und darüber hinaus in das Tiefstbewußtsein des Menschen hineinreichen, in die Sphäre des kosmischen und überkosmischen Bewußtseins, wie es offenbar wird im schauenden Erleben der großen Mystiker und Gnostiker aller Zeiten und Zonen. „Die königliche Legende des Grales ist weder eine Erfindung der Dichter noch der romantische Ausdruck einer gewissen Gnadenlehre. Sie ist das Wiedererwachen auf abendländischer Erde einer unvorstellbar alten Strömung, welche das wesentliche Mysterium aller Offenbarungen und das Erkennen Gottes berührt." (Pierre Ponsoye, *L' Islam et le Gral*)

Hier wird in einem supramental geweiteten Überbewußtsein zuletzt erlebbar das in göttlichem Licht erstrahlende Urbild des Menschen. Denn der Mensch durchdringt mit seiner Strahlenaura alle Weiten des Kosmos und ragt bis in die Tiefen der Gottheit hinein. Voll erfahrbar wird das natürlich nur dem zum göttlichen Identitätsbewußtsein erwachten Menschen. Aber hier gilt das Wort des johanneischen Christus: „Wahrlich, wahrlich, ich sage euch: es kommt die Stunde und ist schon jetzt, wo die geistig Toten die Stimme des Sohnes Gottes hören werden, und die auf sie hören, werden leben." (Joh. 5, 25)

Im Blick auf die Geschichte der Menschheit und ihre kulturelle Entwicklung sehen wir, daß es Zeiten des geistigen Erwachens und Zeiten des geistigen Todesschlafes gibt. Die Zahl der Lebendig-Toten ist zu verschiedenen Zeiten und in verschiedenen Kulturen ganz verschieden groß, wenn natürlich auch hier das Wort unseres großen Historikers Ranke gilt: „Jedes Zeitalter ist unmittelbar zu Gott." Denn stets offen ist die Tür, die zum wahren Selbst des Menschen und zum göttlichen Licht führt. Die Tiefenschichten des Überbewußtseins drängen aber zu gegebenen Zeiten an das Oberbewußtsein geistmächtig heran und versinken wieder, wenn sie von den Menschen nicht aufgenommen werden.

So sehen wir auch, daß die auf den Gral bezüglichen ursprünglichen Texte in einer kurzen Zeitspanne geschrieben wurden. Keiner von ihnen scheint früher abgefaßt zu sein als im letzten Viertel des zwölften Jahrhunderts und keiner später als im letzten Viertel des dreizehnten Jahrhunderts. Diese Zeit von etwa 1175—1275 fällt ungefähr zusammen mit der Hochblüte der mittelalterlichen Kultur, der goldenen Zeit des Rittertums, des Tempelritterordens und der großen Hohenstaufen-Kaiser. In den folgenden Jahren geraten die Epen und Romane über den Gral in Vergessenheit. Das Abbrechen dieser Gralstradition fällt bezeichnenderweise zusammen mit den schlimmsten Ketzerverfolgungen seitens der römischen Kirche. 1209 wurde der große Kreuzzug gegen die Städte der Ketzer von Lyon aus unternommen. 1244 fiel die Burg Montségur, die letzte Zuflucht des Katharismus.

Erst im 14. und 15. Jahrhundert wird das Gralsthema wieder aufgenommen, jetzt aber in erstarrten und weniger originären Formen. Diese Wiederaufnahme erfolgt eine gewisse Zeit nach der Vernichtung des Tempelritterordens im Jahre 1312 und wirkt fort in sich neu bildenden esoterischen Gemeinschaften, welche die Gralstradition bis in jüngere Zeiten hinüber retten konnten. Leise öffnete sich wieder das Tor zum Geiste. Die Rosenkreuzerströmung nahm ihren Anfang. Von ihr wurden die Gralsimpulse weitergetragen bis in die Zeit unserer klassischen und romantischen Dichtung, bis dann zuletzt Richard Wagner mit seinem Bühnen-Weihefestspiel *Parsifal* als Musiker die Befreiung des christlichen Mysteriums aus erstarrten Kirchenformen anstrebte: „Erlösung dem Erlöser!“

Die wichtigsten mittelalterlichen Quellen der Gralssage seien hier kurz genannt:

1. Chrestien de Troyes, *Perceval ou le Conte del Grál* (geschrieben um 1180)
   a) eine erste Fortsetzung von Gautier de Doulens,
   b) eine zweite Fortsetzung von Manessier,
   c) eine Interpolation von Gerbert de Montreuil.
2. Robert de Boron, *Josef von Arimathia* (geschrieben um 1190 oder etwas früher).
3. Wolfram von Eschenbach, *Parzival* (zwischen 1197 und 1210 komponiert).
4. Albrecht von Scharffenberg, *Titurel.*
5. *Der Wartburgkrieg*
   (4. und 5. können mit Wolframs Parzival in Verbindung gebracht werden).
6. Der sog. *Grand Saint Graal* (einige Jahrzehnte nach der Gralserzählung Robert de Borons entstanden und sich auf ihn berufend).
7. Der *Perceval li Gallois* in Prosa.
8. Die *Queste del Saint Graal*, ein später französischer Gralsroman.
9. *Morte Darthur, Der Tod König Arthurs,* ein um 1470 geschriebener englischer Gralsroman von Sir Thomas Malory.

Die bedeutendste von allen mittelalterlichen Gralsdichtungen ist nun zweifellos der Parzival des Wolfram von Eschenbach. Wolfram selber nennt als seine Hauptquelle den Provenzalen Kyot. Die heutigen Literaturwissenschaftler glauben in der Regel nicht mehr an die Existenz dieses Kyot. Zwar hat ein „Guiot de Provins“ tatsächlich gelebt. Doch ist trotz eifrigen Forschens keine Gralsdichtung von ihm nachzuweisen. Aber da ist zu bedenken, daß dieser Provenzale sicher Verbindung zu den als Ketzern verfolgten Katharern gehabt hat. Dann wird sein Werk von der römischen Inquisition vernichtet worden sein. Möglicherweise ist auch Kyot nur ein Pseudonym, das den Autor vor der Verfolgung durch die Inquisition in der Zeit der Ketzerkriege schützen sollte.

Die Katharer und Albigenser werden mit Recht als Neumanichäer bezeichnet, und die neuere Literaturwissenschaft hat den Zusammenhang der Parzivaldichtung mit der manichäischen Gnosis einwandfrei bewiesen. (Man vgl. dazu die Schrift von Franz Rolf Schröder, *Die Parzivalfrage*, München 1928, und Dr. J. P. Saher, *Evolution und Gottesidee*, Ratingen bei Düsseldorf 1967, speziell das Kapitel „Wiederkehr des Urmenschen".) Ergänzend dazu aber werden wir später aufzeigen, daß die Esoterik des Wolframschen Parzival trotz aller Verbindung mit dem Manichäertum stärker angelehnt ist an die Esoterik des Tempelritterordens und der provenzalischen Troubadoure. Die Katharer waren Mystiker der Gottesliebe, dachten pessimistisch von der Welt und lebten in weltflüchtiger Askese. Die Troubadoure waren Sänger der mystischen Erotik und lebten in freudiger Weltzugewandtheit. Eine weiblich-hingebungsvolle, mondenhafte Geistigkeit beseelte die Katharer. Eine männlich-aktive, sonnenhafte Haltung kennzeichnete die Troubadoure mit ihrer „fröhlichen Wissenschaft" und die Tempelritter mit ihrem weltbejahenden Heldentum.

II. Zarathustra und die Kosmologie des Avesta

(Yascht XIX, Bundehesh, Yasna XXX)

Franz Rolf Schröder hat in der genannten Schrift auch darauf hingewiesen, daß die iranische Religion des großen Zarathustra einen kaum zu überschätzenden Einfluß gehabt hat auf den Vorderen Orient, auf die Völker des Abendlandes im Zeitalter des Hellenismus bis in die Hochblüte der islamischen Kultur und darüber hinaus bis in die späten Jahrhunderte des Mittelalters. Schon in der Akademie Platons wurde Zarathustra mit seiner die ganze Weltentwicklung umspannenden Zeitalterlehre hoch verehrt. Platons persönlicher Schüler, Eudoxos von Knidos, bezeichnete die religiöse Lehre Zarathustras als die herrlichste und zugleich für das Leben nützlichste Philosophie (Plinius, *naturalis historia* 30,3). Seinen Lehrer Platon hat er geradezu als den wahren Erklärer und Fortsetzer Zarathustras gefeiert. Das große astronomische Weltenjahr des Präzessionsrhythmus wird in der Regel noch heute das platonische Weltenjahr genannt. Die Zarathustrabegeisterung der platonischen Akademie hat Werner Jaeger (*Aristoteles*, Berlin 1923, S. 136) verglichen mit der philosophischen Wiederentdeckung der indischen Philosophie durch Schopenhauer (s. dazu: Richard Reitzenstein, *Plato und Zarathustra* in den Vorträgen der Bibliothek Warburg 1924—1925, Verlag B. G. Teubner, Leipzig 1927, S. 20 ff.).

So läßt sich denn auch der Einfluß der iranischen Religion, der über das islamische Spanien bis in die Provence drang, am Parzival Wolfram von Eschenbachs nachweisen. Darum suchen wir zuerst einen Eindruck zu gewinnen von der erhabenen Geistesschau des großen Zarathustra.

Diese ist gänzlich verschieden von dem Bewußtsein alter indischer Weltschau. Die altindischen Seher künden von dem ewigen Leuchten des Ur-Einen in Kosmos und Mensch, von dem alleinenden Licht der göttlichen Geistessonne, die sie als Zentrum in Mensch und Kosmos zugleich persönlich und überpersönlich erleben. Für diese indischen Seher, die zutiefst ergriffen sind vom Licht der sonnenhaften Einheit alles Seins, ist die Spaltung des Erdenlebens in polare Gegensätze, in Hell und Dunkel, Licht und Finsternis, Gut und Böse, Gesundheit und Krankheit, Leben und Tod nur Scheinwirklichkeit, Maya, und gehört nicht dem wahren Sein an. So ergibt sich eine ausgesprochen mystische Religion von geistig-monistischer Prägung.

In Zarathustras Lehre und Wirken manifestiert sich demgegenüber ein neues Bewußtsein. Hier wird die kosmische Entwicklung der Erde und das Erdenschicksal der Menschheit in viel höherem Grade ernst genommen. Da leuchtet die gewaltige Erkenntnis auf von der in der Einheit aufgestandenen Zweiheit, von der Urfeindschaft der göttlichen Zwillingsbrüder, von dem großkosmischen Kampf zwischen Licht und Finsternis, an dem alle Wesen, Menschen, Geister und Götter teilnehmen.

Gleichnisweise könnten wir heute sagen: Während die Sonne nach allen Seiten ihr Licht, ihre Wärme, ihr Leben ausstrahlt, herrscht auf ihr immer Tag, sie kennt keine Nacht. Die Planeten und die Erde aber wenden stets nur eine Seite der Sonne zu. Auf ihnen tritt die Scheidung von Tag und Nacht, Licht und Finsternis, Wachen und Schlafen hervor. Die Ureinheit der Sonne zerfällt auf den Planeten in die großen Gegensatzpaare. Wie sich Tag und Nacht gegenüberstehen, so stehen sich auch polar gegenüber auf der Erde Sommer und Winter, Wärme und Kälte, Leben und Tod, Geist und Materie, Männliches und Weibliches. Zwischen den getrennten Polen entwickeln sich Spannungen, die ernst genommen und gemeistert sein wollen. Der geteilten Natur des Planeten entsprechend denken wir in Gegensätzen. Nicht nur die naturhaften, bipolaren, einander ergänzenden Gegensätze spalten alles irdische Leben auf, auch die einander ausschließenden geistig-werthaften Gegensätze wie Gut und Böse, Wahrheit und Lüge zerreißen alles menschliche Dasein.

So entwickelt denn Zarathustra aus dem Erlebnis der Gespaltenheit alles Erdenseins ein großartiges Weltbild des Kampfes zwischen Licht und Finsternis, zwischen Gott und Dämon. Der Mensch erlebt sich da mitten in diesen Gegensätzen als aufgerufen zu sich selber, als freies Wesen, dessen heilige Bestimmung es ist, durch seine Wahl sich dem Göttlichen zu verbinden, hier auf Erden den Entscheidungskampf des Lichtes gegen die Finsternis auskämpfen zu helfen und dadurch das Erdensein selber zu einem sonnenhaft strahlenden zu gestalten. Die Gespaltenheit der irdischen und der kosmischen Entwicklung ist keine Scheinwirklichkeit. Das Böse ist für den Erdenmenschen ebenso real wie Krankheit und Tod. Es genügt nicht, wenn wir uns wie der Inder meditierend in sonnenhafte Paradieszustände zurückversetzen. Wir müssen die kosmisch-planetarisch-irdischen Gegensätze als wirklich nehmen, uns mit ihnen auseinandersetzen und durch unsere geistigen Entscheidungen in Gedanken, Worten und Taten die Erdenwirklichkeit sonnenhaft verwandeln. Den endgültigen Sieg des Lichtes über die Finsternis aber, die Herrlichkeit einer von allem Bösen befreiten, reinen Licht-Schöpfung kündet Zarathustra prophetisch voraus. In diesem Sinne ist seine Religion ausgesprochen dualistisch und prophetisch.

Im *Avesta* verbindet sich nun mit diesem prophetisch-dualistischen Weltbild des Kampfes der Mythos vom urbildlichen Menschen. Das Menschen-Ich ist Abbild und Ausgeburt der Fravashi, des göttlichen Geistfunkens, des ewigen Menschenurbildes. Indem der Mensch nach der Vereinigung mit der Fravashi, mit dem Licht seines göttlichen Ursprungs strebt, muß er selber Licht werden und wird dadurch zum Geburtshelfer einer neuen Schöpfung. Sowohl das Weltbild des Kampfes zwischen Licht und Finsternis, der notwendige Durchgang durch Spaltung und Zweifel als auch der Mythos vom urbildlichen Menschen liegen deutlich erkennbar in christlicher Fortbildung dem Parzival Wolframs zu Grunde.

In meiner Skizze der persischen Kosmologie halte ich mich zunächst an den 19. Yascht aus dem sog. jüngeren Avesta, einen der ältesten und bedeutendsten Opfergesänge der iranischen Religion. Er führt den Namen Zamgad-Yascht, „Erden-

Yascht", weil er die kosmische Entwicklung von Menschheit und Erde in großartigen Bildern zur Darstellung bringt. Ich folge hier der Ausgabe des Textes von Johannes Hertel, *Die Awestischen Herrschafts- und Siegesfeuer*, Verlag S. Hirzel, Leipzig 1931. Zur Ergänzung der kosmologischen Anschauungen verwende ich ferner noch den Bundehesh in der englischen Übersetzung von E. W. West (Bd. V der *Sacred books of the east,* hg. von F. Max Müller, Oxford 1901). Der Bundehesh ist eine persische Lehrschrift des neunten oder zehnten Jahrhunderts, die aber nach den neuesten Forschungen sicher bis ins vierte oder fünfte Jahrhundert vor Christus zurückreicht. Ausgebildet wurde diese Kosmologie bereits zur Zeit der Achämeniden. Schon Eudemos von Rhodos, ein Schüler des Aristoteles, kennt sie. Er schreibt: „Die Magier und das gesamte arische Völkergeschlecht nennen das einheitliche Urwesen die einen ‚Raum', die andern ‚Zeit'; aus ihm haben sich ein guter Gott, Oromasdes, und ein böser Dämon, Arimanios, oder wie einige sagen, noch vor diesen „Licht und Finsternis geschieden". (Damascius, de pr. princ. 125 p. 384. Kopp.) Unter den Sassaniden ist diese Lehre lange Zeit die herrschende gewesen, bis sie schließlich unter Chosrau I. (531—579 n. Chr.) für ketzerisch erklärt wurde. Zur näheren Orientierung sei verwiesen auf die ausgezeichnete Arbeit von Heinrich Junker, *Über iranische Quellen der hellenistischen Aion-Vorstellung* (Vorträge der Bibliothek Warburg 1921/22, S. 125 ff.).

Das große Tableau der altpersischen Kosmologie, das in viermal drei Jahrtausenden, also in zwölf symbolisch zu verstehenden Äonen, die gesamte Weltentwicklung umfaßt, können wir hier nicht aufrollen, müssen uns vielmehr mit kurzen Hinweisen begnügen.

Vor aller Entwicklung war das anfanglose Licht, der ewige, in sich selbst gegründete Himmelsraum, die „anfanglose und endlose Zeit". Dieses ewige, mit unbegrenzter Zeit begabte Wesen ist aber zugleich Ormazd. Mit Beginn der Entwicklung geht Zervana akarana, „die anfanglose und endlose Zeit" über in die zwölf Jahrtausende währende „lange, weitgedehnte Zeit", den Zervana darögo xvadato. Das „Urwort", Ahuna Vairya „der beste Herr", geht hervor aus dem Zervana akarana, der „anfanglosen und endlosen Zeit" (Yasna 19,8. Vendidad 19,9) und leitet die Entwicklung ein. Es entsteht zunächst die Dreiheit von Licht und Finsternis mit dem Zwischenraum zwischen beiden, den man Vâi nennt. So stehen sich auch in der Schöpfungsgeschichte der germanischen Edda zwei Welten gegenüber: das kalte Nifelheim im Norden und das feurig-warme Muspelheim im Süden. Zwischen beiden aber liegt Ginnungagab, der gähnende Abgrund. Ferner sei hier erinnert an das Urphänomen von Licht, Finsternis und Trübe in Goethes Farbenlehre. Im Licht wirkt nun Ormazd, in der Finsternis Ahriman.

Ormazd ist im älteren Avesta erhaben über den Geist des Lichtes und der Finsternis. Im jüngeren Avesta wird er mit dem Geist des Lichtes fälschlicherweise identifiziert. In den ersten drei Jahrtausenden erschafft Ormazd die Welt im rein geistigen Bereich. Noch jenseits des Raumes ersteht da in kampfloser Ruhe eine lichte Schöpfung, die Welt der geistigen Urformen, zuerst die Fravashi der sieben hohen Amashpands, dann die Fravashi der Götterwesen und Menschen. Ahriman aber ist neidisch auf die Geistschöpfung des Ormazd, fällt von ihm ab und begründet eine Gegenschöpfung. Damit sind die Fravashi aller Wesen, von Geistern und Menschen, in die große Entscheidung für Ormazd oder Ahriman hineingestellt. Ein schwindelerregender Gedanke, daß alle Menschen und Geister schon im Urbild die Wahl zwischen dem schöpferischen Ja und dem zerstörenden Nein getroffen haben!

Ahriman aber wird, als er den ihm von Ormazd angebotenen Frieden ablehnt, durch den Ahuna Vairya des Ormazd zurückgeschlagen und bleibt im folgenden Dreijahrtausend, im vierten, fünften und sechsten Jahrtausend, in der Verborgenheit. In diesem zweiten Dreijahrtausend senkt sich die geistige Welt der himmlischen Urbilder aus dem Geistigen ins Astral-Kosmische nieder. In dieser ersten Verstofflichung der Welt im Bereich des Astralen werden die Amashpands und die Antiamashpands, die Dämonen, geschaffen. Es entstehen im kosmisch-astralen Bereich Himmel, Wasser, Erde, Pflanzen, der Urstier und Gayomartan, der kosmische Urmensch. Erst im 7. Jahrtausend dringt Ahriman in die Schöpfung ein und tötet den Urstier und den Urmenschen Gayomartan. Die Schöpfung sinkt weiter ab. Aus dem Samen des Stieres entstehen die Tiere, aus seinen Gliedern Getreide und Heilpflanzen, aus dem Samen des Urmenschen aber wachsen zwei Rhabarberstauden. Diese pflanzenhaften Leibgebilde erheben sich durch göttliche Schöpferkraft zum ersten Menschenpaar, Maschia und Maschiana. Ahriman aber weiß diese ersten Menschen zu betören, so daß sie sich zur ersten Lüge bewegen lassen und Ahriman als Schöpfer der Welt anerkennen. Immer mehr Anhang gewinnt Ahriman, aber immer mehr erheben sich auch große, starke und reine Gestalten als Menschheitsführer über den Abgefallenen.

In Yima, dem iranischen Sintfluthelden, scheint noch einmal der alte göttliche Zustand der Menschheit heraufzukommen.

„Da er begann zu herrschen,
Da war die Hitze nicht und nicht der Frost,
Da war das Altern nicht und nicht das Sterben,
Da war die Neidsucht nicht,
Die aufsprießt aus dem Schoße
Der bösen Geister.“

(Yascht 19, 33)

Yima besaß als letzter unter den Menschen noch das „Sonnen-Auge“ und die lichte „Sonnen-Glorie“, die „große königliche Lebensleuchte, die alle Schöpfung schauend überstrahlt“, von der sowohl Ahura Mazdāh als auch die 7 Amashpands und alle göttlich hierarchischen Wesen umleuchtet sind. Aber diese Herrlichkeit war Yima nur eine Zeitlang gegönnt. Der Versucher machte sich auch an ihn heran.

Er fiel, und mit ihm fiel das Führertum der Menschheit. Die Sonnenglorie entweicht von ihm in der Gestalt eines Vogels. Yimas Sonnenauge schließt sich. Die Götterschau der Menschheit schwindet dahin. Erblindet irrt der König umher, bis ihn sein Zwillingsbruder ergreift und in zwei Stücke zersägt. Nach Yima ergreift im 8. Jahrtausend der Schlangenkönig Azi Dahoka das Regiment, der sich ganz den Finsternismächten ergibt und furchtbare Verheerungen anrichtet. Thraetona führt das 9. Jahrtausend herauf, ein Jahrtausend des Kampfes mit den immer mächtiger werdenden Geistern Ahrimans. Die Sonnenglorie ist nun völlig von den Menschen gewichen und ruht verborgen im See Vourukasha, im Himmelssee der Sternen-Ätherkräfte. Vergebens versucht ein Turanier, der Schwarzmagier Franrasyan, durch Schwimmen und Tauchen in diesem See sich der Sonnenglorie zu bemächtigen. Aber er kann sie nicht greifen. Das Sonnenmysterium ist durch schwarze Magie nicht zu erlangen. Die Sonnenglorie bleibt unsichtbar für die Menschen. Aber vereinzelt gibt es noch heldenhafte, iranische Könige, die in einer gewissen Fernwirkung mit den Kräften der Sonnenglorie begnadet werden. Zu Beginn des vierten Dreijahrtausends erscheint als Retter der Menschheit der große Zarathustra. Er setzt den Dämonen das zum Menschenwort gewordene Urwort, den Ahuna Vairya, „den wünschenswerten Herrn" entgegen und schleudert so die Dämonen in ihre Schlupfwinkel zurück:

> „Als bester Herr (Ahuna Vairya),
> als einer, der von sich
> das heilige Licht des Himmelsfeuers ausstrahlt,
> so bringt dem großen Herrscher der Erlauchte
> den Sieg des leuchtenden Gedankens zu,
> den Sieg der Werke auch des Lebens.
> Er, der Erlauchte, den der große Herr
> zum Hirten setzte allen, die da schwach sind."

Mit Zarathustra ist jene Stufe in der Menschheitsentwicklung erreicht, wo der Mensch sich in die radikalste Entscheidung hineingestellt weiß zwischen Gut und Böse. Er erfährt die Urfeindschaft der göttlichen Zwillingsbrüder, den Urkampf von Licht und Finsternis. Als freies Wesen erlebt er sich, dessen Bestimmung es ist, durch freie Wahl dem Göttlichen auf der Erde zum Siege zu verhelfen.

„Und dies ist unser Wille:
daß wir das Erdensein zum strahlenden gestalten.“

Die geistigen Söhne Zarathustras leiten die Menschheit weiter auf diesem Wege. Der geistige Führer des elften Jahrtausends ist der Heiland (Saoshyant) Uxsyatereta, der das menschliche Denken geistig erhellt und für die ewige Wahrheit aufschließt. Der geistige Führer des zwölften Jahrtausends ist der Heiland (Saoshyant) Uxsyatnemah, der Lehrer der Andacht, der das menschliche Fühlen mit göttlicher Glut durchdringt. Nach Ablauf der zwölf Jahrtausende aber bricht das Endwunder der Weltvollendung (Frashkurt) herein. Da erscheint der dritte und größte Heiland (Saoshyant) der Endzeit, der Vollender des Willens.

Astvat-ereta heißt er. Astvat bezeichnet den Knochenleib; ereta, urta (das vedische vtá, aus dessen Wurzel die Worte Ritus und Rhythmus entsprungen sind) ist ein anderer Name für Ascha, das heilige Licht der Welt. Es hat aber auch die Bedeutung Weltenrhythmus, Wahrheit, ewige Gerechtigkeit, Lebensstrom der Welt. Astvat-ereta ist also „das bis in den Knochenleib verkörperte Licht der Welt“, das alles Sein zu strahlender Verklärung gestaltet und auch Krankheit, Alter und Tod im Physischen endgültig überwindet.

Auf Astvat-ereta, diesen sieghaftesten aller Heilande, geht die Sonnenglorie in ihrer Ganzheit wieder über. Ihn preist der 19. Yascht mit folgenden, feierlich erhabenen Worten:

„Die große königliche Lebensleuchte,
die gottgeschaffene,
verehren wir!
Die preiserfüllte,
machtbegabte,
die in den Mühen
offenbare;
die glutenstarke,
tatgewandte,
die alle Schöpfung
schauend überstrahlt.

Die da sich zugesellen wird dem Einen (Astvat-ereta),
dem, der die Feinde schlägt, dem Sieger,
Ihm, der die Welt im Himmelsfeuer wandelt,
und auch den andern, seinen Freunden,
wenn er das Sein zum strahlenden gestaltet,
zu einem, das nicht alt wird,
zu einem, das nicht hinstirbt,
zu einem, das nicht in Verwesung hinsinkt,
zu einem, das nicht in Verfaulung hinfällt,
zu einem, das in alle Zeiten fortlebt,
zu einem, das aus freiem Willen herrscht.

Wenn die Toten wiederum erstehen,
dann kommt der Lebengebende,
der Todbesieger,
und wird das Sein zum strahlenden gestalten,
zu einem, das aus freiem Willen herrscht.
Nicht sterben werden dann die Wesen,
die dem Befehl des heiligen Lichts gehorchen.
Wegfliehen wird die Bosheit nach dem Ausgang,
Von dem sie herkam, zu vernichten die Gerechten,
sie und ihr Licht und ihr Bestehen.
Und in Verderbnis fällt die falsche Feindin dann,
versinken aber wird der Geist des Bösen.
(Yascht 19, 88—90)

Mit Geistesaugen wird er schauen (Astvat-ereta),
anschauen wird er alle die Geschöpfe,
der Gegner der Verführerin, der falschen.
Anblicken wird er alle lebenden,
dem Knochenleib vertrauten Wesen,
anblicken mit den Augen seiner Liebe
und mit dem Blicke seiner Liebe
unsterblich machen alle diese Welt."
(Yascht 19, 94)

Mit dem Auftreten Astvat-eretas beginnt der große Endkampf. Unaufhaltsam setzt sich die Feuermacht des Weltvollenders durch. Die finsteren Dämonen werden besiegt von den Mächten des Lichtes. Alles sammelt sich zum Endgericht vor Ahura Mazdāh. In zwei Haufen scheidet sich die Menschheit vor dem Richter. Die lichte Schar wird in die selige Lichtwelt der Himmelshöhen emporgehoben, die finstere Schar wird in den Abgrund der Qual und des Höllendunkels herabgestürzt für drei Tage, d. h. für drei Äone, drei Schicksalskreise.

Nach diesen drei Gerichtstagen, diesen drei Äonen, aber tritt die ganze Menschheit, die lichte wie die finstere, den Gang an in die letzte Feuerprobe. In diesem Feuerbrand der Weltvollendung haben sich alle Metalle im Leibe der Erde gelöst und strömen in einem mächtigen Feuerfluß dahin. Die Metalle repräsentieren die Kräfte der Planeten. Die Planeten, welche einst aus der Sonne, dem glutenden Herzen der Welt, herausgeboren wurden, kehren zur Sonne, zur Einheit zurück, wenn die Metalle, die Planetenkräfte, sich zu einem Strome sammeln. Die Planeten, die Künder der Zeit, vollenden sich damit in der Überzeitlichkeit. Das ist das Ende und die Auflösung jeglichen Schicksals.

Diesen Feuerstrom der geeinten Metalle, diesen Strom der Einswerdung muß nun die ganze Menschheit, die lichte wie die finstere, durchschreiten. Da wird sich zeigen, was von ihr sich in der Einheit aufrecht halten kann. In dieser Einheit der höchsten Gotteswelt kann nur bestehen, was in sich selber einig ist und in sich ruht, was im Wirken aus der Mitte zur wahren Existenz gelangt ist. Die lichten Menschen, die in sich selber die Metalle verbunden, die Gestirne vereinigt, das Schicksal überwunden haben, schreiten durch den Glutstrom der Metalle und empfinden ihn wie linde, wohltuende Milch. Denn sie sind hier in ihrem eigenen Element. Die finsteren Menschen aber, die Wirker des Bösen, müssen unter schrecklichen Qualen den Feuerstrom durchschreiten. Da wird in ihnen alles aufgezehrt, was der Einheit nicht standzuhalten vermag. Ihre Werke und ihr niederes Ich werden im Feuer des Gerichtes verzehrt, aber sie selbst, will sagen, ihr höheres Ich und ihr Gottesfunke, „wird“, wie auch Paulus schreibt, „gerettet werden, doch nur wie durch Feuer hindurch“ (1. Kor. 3, 15). Durch einen solchen Läuterungs- und Flammentod kehren sie zur Einheit zurück. Nur Ahriman und die böse Schlange werden im feurigen Metallstrom vernichtet. So heißt es im Bundehesh. Oder sollte es auch für ihn noch eine Läuterung und Erlösung geben? Der ganze Kosmos und die ganze Menschheit heben sich nach Überwindung aller Spaltung in das Licht der göttlichen Überwelt hinein.

Die Welt und die ganze Menschheit gehen zusammen mit Ahura Mazdāh wieder ein in Zervana akarana, die „anfanglose und endlose Zeit“, in das anfanglose Licht, in den ewigen, in sich selbst gegründeten Himmelsraum, in dem alle Gegensätze überwunden sind und die wunderbare Gliederung der uranfänglichen Einheit erreicht, die Ewigkeit verpersönlicht und die Persönlichkeit verewigt ist. Da ist auch Ahura Mazdāh nicht mehr Ahura, da ist er zum Einen geworden, in dem die Zwillingsbrüder, die sich im Urbeginne im Traume offenbarten (Yasna XXX), wiederum auf höherer Stufe beschlossen ruhen. Wäre das die Erlösung auch für Ahriman? Diese „Wunderbarmachung“ der Welt wird von keinem Denken mehr begriffen. Denn sie liegt jenseits der Zeit und des Raumes. Es ist die gleiche Wirklichkeit, von der die Apokalypse des Johannes und der Apostel Paulus künden. Da „wird Gott sein alles in allem“ (1. Kor. 15, 28).

Der Strom der kosmischen Entwicklung, der im Urbeginne aus dem Urgrund des Zervana akarana hervorgeht, senkt sich nieder in die Tiefe irdischer Verdichtung und Verdunkelung, in die dunklen Sphären des Truges, der Schuld und des Todes und steigt dann wieder siegreich und leuchtend aus der Tiefe empor, das ganze kosmische und irdische Dasein im Feuer des Geistes verklärend, um zuletzt im uferlosen Ozean des wiedererreichten Zervana akarana zu münden. Es dürfte kaum eine großartigere Christusprophezeiung aus vorchristlicher Zeit geben als diese apokalyptische Schau des Avesta.

Fügen wir zur Charakterisierung der Religion Zarathustras auch noch ein Stück des älteren Avesta hinzu, wo in ähnlicher Weise Genesis und Apokalypse geeint sind:

Yasna XXX

„Sp-itama Zarathustra spricht:
Anheben will nun,
reden will ich zu denen,
die den Willen haben, mich zu hören:
von allem will ich künden,
was der Wissende bewahren muß
im inneren Gedenken.

Auf daß er würdig vollbringe die Lobgesänge
dem großen Herrscher: dem Ahura
und die Gebete auch dem Vohu-Mana,
dem erhabenen Geist des lichterfüllten Denkens.
Und künden will ich von dem Haus des Himmelsfeuers
und seiner Herrlichkeit,
die der, der tief hinabsteigt ins Gedenken,
im heiligen Licht des Ascha, in dem wahrheitsvollen,
lebendig schwingend alle Welten ordnenden,
im Feuerstrom des Geistes schauen wird.

Öffnet die Ohren!
Vernehmt das Wort vom lichtesten Dasein!
Schauet es an mit erleuchtetem Sinn!
Auf daß ihr zwischen beiden Welten euch entscheidet,
ein jeder für sich selbst in seinem Wesen,
bedenkend vor dem großen Endgerichte,
daß es vollendet werde uns zum Heile.

Im Anfang waren die beiden Geister.
Im Traumgesichte wurden sie geoffenbart
als Zwillingsbrüder.

Und da sie in das Wirken traten
im Denken, Sprechen, Handeln,
da waren sie das Gute und das Böse.

Die Wahl steht offen zwischen ihnen beiden:
Die lichten Geistes sind, die Wohlbegreifenden,
sie wählten recht.
Die aber dunklen Geistes sind, dem Wahn verfallen,
sie taten eine üble Wahl.

Und da die beiden Geister sich begegneten,
war ihre erste Stiftung dies:
Das Leben und das Sterben!
Und daß der Lüge Söhne einmal
im düstersten der Orte hausen sollten,
und daß des heilgen Lichtes Kinder dann
im besten Wohngezelte weilen werden.

Und beide Geister wählten sich ihr Werk:
Der Geist der Lüge wählte sich,
die Welt des Bösesten zu wirken.
Der lichteste der Geister, der die festgefügten Himmel
als seinen Mantel trägt, er wählte sich,
die Welt des heilgen Lichts zu wirken.
Und seiner Wahl sind alle die,
die da des großen Gottes, die Ahura Mazdāhs
Willen durch Werke zu erfüllen streben,
die Licht in seinem Lichte sind.

Die Wahl stand offen auch den Geistern:
Die bösen Geister aber wählten fehl.
Denn die Betörung übermannte sie,
dieweil sie sich berieten. Sie ergriffen
das böse Denken.
Vereinigt folgten sie dem Geist
des wilden Feuers,

Aeschma, dem Verzehrer,
der ihnen Macht gibt, alle Krankheit
zu werfen in des Menschen Blut.

Und nieder auf den Menschen schwebte Xschathra,
der erhabne Geist der Herrschaft,
und Vohu-Mana, der erhabne Geist
des lichterfüllten Denkens,
und Ascha, der erhabne Geist des heilgen Lichtes.
Und der erhabne Geist der Gottergebenheit,
Armaity, pflanzte Dauer in die Leiber ein und Stäte.

Um dieser Gaben willen wird es einst geschehen,
daß in den kommenden Gerichten,
die Du vollbringst im Strom der glutenden Metalle,
die Menschheit wird hervorgehn als die erste
von allen Geisterscharen.

Und wenn erscheinen wird der Richttag aller Frevel,
o Mazdāh!
alsdann wird Vohu-Mana,
der erhabne Geist des lichterfüllten Denkens,
aus deiner Hand am Tage der Vollendung
das Reich empfangen.
Und denen wird er's geben, o Ahura,
die durch das heilige Licht
die Lüge überwanden.

Und das ist unser Wille:
Daß wir die seien, die die Menschenwelt
zum letzten Wunder, zur Vollendung führen!

Mazdāh und all ihr Herrschenden,
heran zu uns!
Laßt uns Genossen Eures Bundes sein!
Auch du sei unser, heilges Licht!

Auf daß in allen Geistern, die noch schwanken
im Ungewissen,
zum Einen die Gedanken sich versammeln.

Dann wird das falsche Glück der Lügenwelt
zerbrechen in sich selbst.
Im Wohngezelte,
im guten, Vohu-Manas, des erhabnen Geistes
des lichterfüllten Denkens,
und im Wohngezelte
Mazdāhs
und auch im Wohngezelte Aschas,
des erhabnen Geistes
des heiligen Lichtes, werden die Erfüllung finden,
die sich der guten Botschaft anvertrauen.

Wenn ihr die Urgerichte, die der große Gott
von Anbeginn her fällt,
hinuntersenkt
in das Gedenken eurer Seele:
Die Heiterkeit des Lichtes hier —
die Düsterkeit der Qualen dort —;
das Unheil hier der Lügensöhne —
das Heil der Kinder dort des Lichtes:
Dann wird das kommende ins Wohl gewendet werden!"*)

Abschließend sei noch verwiesen auf den Beitrag von Prof. Dr. Dr. Dastur Framroze „Evolution und Gottesidee in parsi-zarathustraischer Sicht" in dem Buch von Dr. P. J. Saher, *Evolution und Gottesidee,* Ratingen 1967.

*) Die deutsche Fassung aller zitierten Avestatexte verdanke ich dem Dichter Arthur Maximilian Miller, der sie nach meinen Hinweisen poetisch gestaltete in Anlehnung an die Übersetzungen von Christian Bartholomae, *Die Gatha's des Awesta,* Straßburg 1905, und Johannes Hertel, *Die awestischen Herrschafts- und Siegesfeuer,* Leipzig 1931.

III. Mazdaismus in den Essäer-Papyri vom Toten Meer

Der Einfluß Zarathustras auf die Entwicklung der jüdischen Religion und des jüdischen Prophetismus war den Forschern seit langem bekannt, nirgendwo aber tritt er so deutlich zutage wie in den Papyrusfunden vom Toten Meer, die 1947 bei Qumran entdeckt wurden. Die Qumransekte ist mit großer Wahrscheinlichkeit identisch zu setzen mit dem Orden der Essäer, dessen enge Verwandtschaft mit dem Urchristentum erwiesen ist.*) Seine Schriften zeigen eine ganz einzigartige Beeinflussung durch die iranische Religion Zarathustras. Ich zitiere einige markante Stellen aus der Ordensregel in der Übersetzung von Dupont-Sommer:

„Vom Gott der Erkenntnisse kommt alles, was ist und sein wird; und ehe die Wesen waren, hat er ihren gesamten Plan festgelegt.

In seiner Hand sind die Satzungen für alle Wesen, und er sorgt für sie in allen ihren Bedürfnissen. Er ist es, der den Menschen erschaffen hat, damit er die Herrschaft besitze über die Erde.

Und er hat für den Menschen zwei Geister bestimmt, damit er in ihnen wandle bis zum Zeitpunkt seiner Heimsuchung: Es sind die beiden Geister der Wahrheit und der Verkehrtheit. In einer Quelle des Lichtes liegt der Ursprung der Wahrheit und in einem Brunnen der Dunkelheit der Ursprung der Verkehrtheit. In der Hand des Fürsten der Lichter ist die Herrschaft über alle Söhne der Gerechtigkeit; auf Wegen des Lichtes wandeln sie. Und in der Hand des Engels der Finsternis ist die gesamte Herrschaft über die Söhne der Verkehrtheit; auf Wegen der Finsternis wandeln sie.

*) Man vergleiche dazu das Kapitel „Essenertum und Christentum“ bei A. Dupont-Sommer, *Die essenischen Schriften vom Toten Meer,* Tübingen 1960.

Und wegen des Engels der Finsternis gehen irre alle Söhne der Gerechtigkeit. Und alle Geister seines Loses bringen die Söhne des Lichtes zum Straucheln. Aber der Gott Israels und sein Engel der Wahrheit kommen zu Hilfe allen Söhnen des Lichtes. Ja, er hat die beiden Geister des Lichtes und der Finsternis erschaffen und auf diese beiden Geister hat er jedes Werk gegründet.

Den einen von ihnen liebt Gott für die ganze Dauer der Ewigkeit, und an allen seinen Taten hat er Gefallen für immer; den anderen, er verabscheut seinen Rat, und alle seine Wege haßt er für allezeit.

Und dies sind die Wege jener beiden Geister in der Welt. Dem Geist der Wahrheit kommt es zu, das Herz der Menschen zu erleuchten und vor dem Menschen alle Wege der wahrhaftigen Gerechtigkeit zu ebnen.

Doch dem Geist der Verkehrtheit ist Begierde zu eigen und Nachlässigkeit im Dienst der Gerechtigkeit, Gottlosigkeit und Lüge, Stolz und Erhebung des Herzens, Falschheit und Betrug.

Doch Gott in seinen Geheimnissen der Einsicht und in seiner herrlichen Weisheit hat für das Bestehen der Verkehrtheit eine Frist gesetzt, und zur Zeit der Heimsuchung wird er sie für immer vernichten. Und dann wird die Wahrheit für immer in der Welt hervortreten.

Und dann wird Gott in seiner Wahrheit alle Werke eines jeden läutern, und er wird für sich das Bauwerk (des Körpers) eines jeden Menschen säubern, um jeden Geist der Verkehrtheit zu beseitigen aus seinen fleischlichen Gliedern und um ihn durch den Geist der Heiligkeit von allen Taten der Gottlosigkeit zu reinigen.

Die Rechtschaffenen werden die Erkenntnis des Hocherhabenen verstehen, und in die Weisheit der Söhne des Himmels werden die Vollkommenen des Weges Einsicht haben. Denn sie hat Gott für den ewigen Bund erwählt, und ihnen gehört alle Herrlichkeit des Menschen.

Bis jetzt kämpfen die beiden Geister der Wahrheit und der Verkehrtheit im Herzen eines jeden: Die Menschen wandeln in Weisheit und Torheit.

Denn zu gleichen Teilen hat Gott diese beiden Geister festgelegt bis zur entscheidenden Frist, der der Erneuerung. Und er, er kennt die Vergeltung der Werke dieser beiden Geister die ganze Dauer der Zeiten auf ewig."

Die hier entwickelte Lehre ist typisch mazdaistisch: Der höchste Gott, hier genannt „Gott Israels", entspricht dem „Weisen Herrn", „Ahura Mazdāh". Er ist der Schöpfer des Alls und aller Geister. Er hat vor der Schöpfung die Gesetze des Universums festgelegt und jedem Wesen Aufgabe und Schicksal bestimmt. Vom höchsten Gott geschaffen sind die beiden Geister des Lichtes und der Finsternis, der Wahrheit und der Verkehrtheit. Wie in den Gathas bleiben hier die beiden Geister dem höchsten Gotte untergeordnet. Der Geist der Wahrheit und des Guten wird nicht wie im späteren Mazdaismus mit dem höchsten Gott, mit Ahura Mazdāh, identifiziert.

Den Menschen hat der höchste Gott erschaffen, damit er die Herrschaft besitze über die Erde. Für ihn sind die zwei Geister bestimmt. Der Geist des Lichtes, der hier zusammen mit dem „Gott Israels" genannt wird, heißt „Sein Engel der Wahrheit". Im biblischen Sinne wäre dabei zu denken an den „Engel Jahwes", an Michael. Wie in den Gathas wird die Menschheit durch die beiden Geister aufgespalten in zwei Lose, zwei einander feindliche Parteien. Aber kein Mensch, selbst keiner von den Gerechten, kann der Sünde, den Schlägen des Engels der Finsternis entfliehen. In jedem Menschen wohnen beide Geister. Aber den Söhnen des Lichtes kommt der höchste Gott und „Sein Engel der Wahrheit" zu Hilfe. So gewaltig auch der Kampf der Söhne des Lichtes und der Söhne der Finsternis durch alle Zeiten und Äone der Weltentwicklung hindurch tobt, der Endsieg ist den Söhnen des Lichtes bestimmt. Zur Zeit der Weltvollendung wird die Verkehrtheit für immer vernichtet. Bis in das Bauwerk ihres physischen Körpers hinein werden die Menschen vom Licht durchdrungen und verklärt. Die Söhne des Lichtes werden dann die Erkenntnis Gottes verstehen, werden eingeweiht in die Weisheit der Engel und werden die vollkommene Gnosis erlangen. „Und ihnen gehört alle Herrlichkeit des Menschen." Der Mensch ist also hier nicht nur wie der biblische Adam „der Herr der Schöpfung", sondern wird am Ende auch zum τέλειος ἄνθρωπος, zum „vollkommenen Menschen", zum „voll vergöttlichten Menschen" der Gnosis.

Gott aber kennt die Vergeltung der Werke der beiden Geister, das Schicksal aller Wesen die ganze Dauer der Zeit auf ewig. Richtig hebt Dupont-Sommer hervor: „Das Wort ‚goral' (‚Los, Schicksal') kehrt als bezeichnendes Wort in den verschiedenen Qumran-Texten beständig wieder, seine Häufigkeit entspricht einer alles beherrschenden Idee, der einer genauen Vorherbestimmung. Bereits vor der Geburt gehören die Menschen entweder zum ‚Los des Lichtes' oder zum ‚Los der Finsternis'; ihr Schicksal ist für immer festgelegt. Es steht sogar in den Sternen geschrieben; ein sehr seltsames Fragment aus Höhle IV stellt ein richtiges Horoskop dar, das nach dem Tag der Geburt das übernatürliche Geschick jedes Menschen bestimmt, den Anteil des guten Geistes und den Anteil des bösen Geistes, die sich in ihm mischen und in ihm kämpfen. Dieser Fatalismus verrät deutlich den Einfluß astrologischer Anschauungen, die sich damals in der gesamthellenistischen Welt großer Beliebtheit erfreuten." (*Die essenischen Schriften*, Tübingen 1960, S. 59 ff.)

Da hätten wir wieder jenen schwindelerregenden Gedanken der Prädestination, dem wir auch im Bundehesh begegneten. Hinzufügen aber wollen wir: nicht gemäß der „pragmatischen", wohl aber im Sinne der „genetischen Etymologie" des Novalis dürfte das Wort „goral" in Zusammenhang gebracht werden mit dem Wort „Gral". Die Weisheit des heiligen Grales ist, wie wir später noch eingehend zeigen werden, mit der Sternenweisheit eng verbunden.

IV. Persische Sternen- und Mysterienweisheit

In der Ordensregel der Essäer ist, wie wir sahen, der Urmensch der biblische Adam, der Herr der Schöpfung, aber zweifellos auch der mythische Mensch, der Anthropos der gnostischen Spekulation. Von der kosmologischen und soteriologischen Funktion des Urmenschen dagegen wird hier nicht gesprochen. Die erwähnten Horoskopfunde aus Höhle IV und die kanonische Bedeutung, welche gemäß den Funden das Buch Henoch bei der Gemeinde von Qumran genoß, zeigen aber klar, daß ihnen die Sternenweisheit, welche Mikrokosmos und Makrokosmos in lebendigem Zusammenhang erfaßt, durchaus vertraut war.

Schon die iranische Kosmologie, das große zwölftausendjährige Weltenjahr, gründet in der Sternenweisheit der ägyptisch-babylonischen Ära. Den zwölf Jahrtausenden wurde, beginnend mit dem Frühlingsanfangszeichen Widder, je ein Tierkreiszeichen zugeordnet. Die Zeit ist der Rhythmus des Weltgeschehens, wie er im Wechsel von Tag und Nacht, Sommer und Winter und im Wandel der Gestirne seinen Ausdruck findet. Die Schöpfung ist die Selbstoffenbarung Ormazds. Im Nacheinander der Ereignisse, im Zeitenrhythmus und Sternenwandel, kommt die gottgeschaffene Ordnung zur Verwirklichung. Schicksal — Weltenschicksal ebenso wie Menschenschicksal — ist Realisierung des Willens Gottes, der im Wandel der Gestirne offenbar wird. Durch drei himmlische Dinge wird die Welt in Gang gehalten: durch die Zeit, durch die Schöpfung als Epiphanie Gottes, durch die göttliche Weisheit.

So verbindet sich in der iranischen Kosmologie die Selbstoffenbarung Gottes mit Zeitenrhythmus und Sternenwandel. Alle echte Sternenweisheit ist religiös fundiert. Auf Grund des Prinzips der Entsprechung von Makrokosmos und Mikrokosmos — nach der also die Welt ein großer Mensch und der Mensch eine kleine Welt ist — erlebt der alte Iranier Gott, Mensch und Kosmos in lebendigem Zusammenhang. Diese umfassende Weltdeutung war in Iran bereits im fünften vorchristlichen Jahrhundert vollkommen ausgebildet. Den Nachweis erbrachte Albrecht Goetze, *Persische Weisheit im griechischen Gewand* (Zeitschrift für Indologie und Iranistik Bd. 2. 1923, S. 60—98, S. 167—177).

Erinnert sei auch noch daran, daß im *Großen Bundehesh* S. 51 der Faksimileausgabe von Behramgore Tahmuras Anklesaria, Bombay 1908, sogar die Figur des berühmten Thema mundi oder Welthoroskopes abgebildet ist (vgl. dazu H. Junker a. a. O. S. 165).

Deutliche Spuren einer geistigen Astrosophie finden sich auch im jüngeren Avesta. Die Himmelfahrt der Menschenseele gehört zu den zentralen Lehren des Gnostizismus. Sie führt den Menschen durch die Planetenhimmel zu Gott empor (s. Wilhelm Bousset, *Hauptprobleme der Gnosis*). Erwähnt wird diese Lehre z. B. Yast 12, 23—34 und Vendidad 7,52.*)

Bekannt ist, daß die Religion Manis ganz von astrologischen Vorstellungen durchdrungen war. Die Manichäer waren als Astrologen berühmt. Das schöne Bild von den „seelenschöpfenden Eimern" der auf- und absteigenden Tierkreisgestirne stammt aus manichäischen Quellen (vgl. Ferdinand Christian Baur, *Das manichäische Religionssystem,* 1831, Neudruck 1928, S. 296 und G. Flügel, *Mani,* Leipzig 1862, S. 8). Auch Goethe hat dieses Bild aufgenommen im Eingangsmonolog des *Faust,* als dieser das Zeichen des Makrokosmos erblickt:

„Wie alles sich zum Ganzen webt,
Eins in dem andern wirkt und lebt!
Wie Himmelskräfte auf- und niedersteigen
Und sich die goldnen Eimer reichen!
Mit segenduftenden Schwingen
Vom Himmel durch die Erde dringen,
Harmonisch all das All durchklingen!"

*) Man vgl. dazu: W i d e n g r e n, *Die Religionen Irans,* Stuttgart 1965, S. 37 ff., S. 102—105, S. 193—196.

Ferner wäre hier noch hinzuweisen auf die persischen Mithrasmysterien (Albrecht Dietrich, *Eine Mithrasliturgie,* Leipzig 1923). Neben der philologischen Übersetzung von Dietrich ist lesenswert auch die poetische Übersetzung bei A. Schütze, *Mithras-Mysterien und Urchristentum,* Stuttgart 1960. Dieser hochbedeutsame liturgische Text enthüllt uns die Einweihung in die Mithrasmysterien als Gang durch die kosmischen Sphären. Die heiligen Weihen waren der Weg zur Vergottung. In ihnen wurde die Weltvollendung, das kommende goldene Zeitalter, als gegenwärtig vorausgenommen. Der durch die kosmischen Sphären emporgestiegene Eingeweihte wurde zum τέλειος ἄνθρωπος, zum vollkommenen Menschen (s. H. Junker a. a. O. S. 152).

Das Ursternengeheimnis der Astrologie hängt aber auch zusammen mit dem Urstoffesgeheimnis der Alchimie. Wo das Geist-Ich im Menschen erwacht, wird die Seele weit und groß und rein, wird wieder jungfräulich. Da wirkt im Ich des Gottes Kraft, der aus unsrer dunklen Brust einen Sternenhimmel macht. Diese Wandlung des Ich führt weiter zur verborgenen Alchimie der Erdenstoffeswelt. Die dunkle Erde selber wird jungfräulich, wird „Jungfern-Erde" und „Licht-Erde", wie die wahren Alchimisten und Sternweisen sie von alters her schauten. So war in Persien die Idee des großen Kosmos-Menschen eng verbunden mit Astrologie und Alchimie.

Zuletzt sei auch noch darauf hingewiesen, daß im Matthäus-Evangelium (2, 1—16) die Sternweisen, welche das Christkind aufsuchen, μάγοι, Magier, genannt werden. Mit diesem Worte bezeichnete man ursprünglich speziell die Priester und Weisen der Perser, die sich auf Astrologie verstanden. Als solche — durch die phrygische Mütze als Perser charakterisiert — werden sie z. B. dargestellt auf den Mosaiken in der Kirche S. Apollinare Nuovo zu Ravenna. Später hat das Wort μάγοι die Allgemeinbedeutung „Astrologen" angenommen. Die Legende spricht dann von drei aus verschiedenen Ländern kommenden Sternweisen, denen sie die Namen Melchior, Balthasar und Kaspar gibt. Melchi-or ist hebräisch und heißt zu deutsch „König des

Lichtes“ oder „des Goldes“. Gold ist Sonnenmetall und weist hin auf die Verklärung des Geistes. Dieser Sternweise bringt dem Christkind das Gold und soll aus dem Goldland Saba gekommen sein, wo die hebräisch sprechenden Sabäer wohnten, die durch ihren Sternkultus berühmt waren (Saba heißt „Stern“). Balthasar geht zurück auf das babylonische Belsazar und hat die Bedeutung „Bel“ oder „Gott schützt die Seele“. Er kommt aus Babylonien, dem klassischen Lande der Astrologie. Seine Gabe ist der Weihrauch, der beim Kultus vom Altar aufsteigt und Symbol ist für die betend zu Gott erhobene und geläuterte Seele. Kaspar bzw. Kansbar ist persisch und heißt „Schätzehüter“ oder „Hüter der Edelsteine“. Er bringt dem Christkind die Myrrhe, mit der man die Leiber der Toten einbalsamierte, um sie vor Verwesung zu schützen. Schätze und Edelsteine sind ebenso wie die Myrrhe Symbole für die Verklärung des physisch-mineralischen Menschenleibes. Die Namen sowohl wie die Gaben der Sternweisen deuten in der Legende also hin auf die Geburt des nach Geist, Seele und Leib verklärten Gottmenschen.*) Sicher ist es nicht zufällig, daß unter diesen drei Sternweisen wieder ein Perser ist, dessen Namen und Gabe auf „das bis in den Knochenleib verkörperte Weltenlicht“ (Astvat-ereta), den Überwinder des physischen Todes, hinweist. Die persische Kosmologie des Avesta hat ja, wie wir sahen, eine besondere Nähe zum Christusmysterium.

*) s. dazu Arthur Schult „Der Stern von Bethlehem“ in der Zeitschrift *Das Wort*, Jahrg. 1962, Heft 1.

V. Entwicklungsstufen der persischen Kosmosophie und ihre Fortwirkung im Abendland durch arabisch-islamische Mystiker

Vergegenwärtigen wir uns nun noch einmal die Entwicklungsstufen, welche die Idee des großen Kosmos-Menschen in Persien durchläuft, und die Fortwirkung dieser in hellenistischer Zeit zum Erlösungsdrama gewordenen Lehre vom „vollkommenen Menschen“ durch die späteren Jahrhunderte. Der Urmensch Gayomartan spielt schon in der altiranischen Kosmologie eine Hauptrolle. Er ist der Prototyp der Menschheit. In der zweiten dreitausendjährigen Weltperiode wird er von Ormazd als eine jünglinghafte Lichtgestalt geschaffen. Mit Beginn der dritten dreitausendjährigen Periode dringt Ahriman in die göttliche Schöpfung ein. Da entsendet Ormazd das himmlische Lichtheer und mit ihm den Urmenschen in den Kampf gegen die Dämonen. In diesem Kampf erliegt der Urmensch dem Tode. Aber aus dem Samen des Urmenschen entstehen zwei Rhabarberstauden, die durch göttliche Schöpfungskraft zum ersten Menschenpaar werden. Im sog. „großen Bundehesh“ wird außerdem noch berichtet, daß aus dem Leibe Gayomartans die Planeten-Metalle hervorgehen. Der Urmensch hat in der altiranischen Lehre also zunächst eine rein kosmologische Funktion. Von einer Erlösung Gayomartans ist hier noch nicht die Rede, wohl aber davon, daß er als erster bei der Auferstehung erweckt und mit der einen Hälfte des in der Sonne enthaltenen Lichtes begabt wird, während die andere Hälfte auf alle übrigen Menschen verteilt wird. Damit ist auch schon in der altiranischen Religion die zentralwichtige Bedeutung des Urmenschen als Prototyp der Menschheit klar hervorgehoben.

Erst in der hellenistischen Gnosis tritt zur kosmologischen Bedeutung noch die soteriologische hinzu. Da geht z. B. im Poimander des Hermes Trismegistos aus dem Vater aller Dinge, dem Νοῦς, der ihm wesensgleiche Ἄνθρωπος als göttlicher Sohn hervor. Er steigt durch die sieben Planetensphären herab und erhält von jedem der Sphärenherrscher Anteil an dessen Natur. Dann erblickt er niederschauend sein Bild in der Materie, gewinnt es lieb, läßt sich zu ihm hinab und gerät dadurch in die Bande der niederen Natur. So entsteht die Doppelnatur des irdischen Menschen. Der Aufstieg und die Rückkehr des Menschen zu Gott erfolgt dann durch gnostische Einweihung. So hat auch im persischen Manichäismus der Urmensch den Charakter des gnostischen Erlösers hinzugewonnen: er wird nicht mehr getötet, sondern gefesselt und betäubt und von seinem eigenen, aus der Lichtwelt niedersteigenden Selbst geweckt und in seine göttliche Heimat zurückgeführt. Damit ist die altiranische Kosmologie zum gnostischen Erlösungsdrama geworden.

Die nächste Etappe in der Entwicklung der Idee des Urmenschen ist dann der Ausgleich der kosmisch-soteriologischen Ἄνθρωπος-Gestalt der Gnosis mit der Logos- und Nouslehre der spätgriechischen Philosophie. Dieser Ausgleich ist bereits im Hellenismus vollkommen durchgeführt. In dieser Form wird schließlich die Lehre vom τέλειος ἄνθρωπος, vom vollkommenen Menschen, durch die arabisch-islamische Gnosis übernommen und hat auf dem Wege über Alexandria, Sizilien, Spanien und die Provence das frühe europäische Mittelalter nachhaltig beeinflußt. H. H. Schaeder, *Die islamische Lehre vom vollkommenen Menschen, ihre Herkunft und ihre dichterische Gestaltung* (Zeitschrift der Deutschen Morgenländischen Gesellschaft Bd. 79, 1925, S. 192 ff.) hat diese Zusammenhänge eindeutig klargestellt.

Am großartigsten ausgestaltet wurde die Idee des τέλειος ἄνθρωπος unter Loslösung vom Propheten Mohammed und unter Bezugnahme auf den Urmenschen, den Logos als Träger der göttlichen Offenbarung, von dem die meiste Zeit seines Lebens in Spanien wirkenden großen Mystiker und Gnostiker Ibn al'Arabi. Die Wirkung Ibn al'Arabis war eine ganz ungeheuere und drang von Spanien aus auch nach Südfrankreich. Gestorben ist er in Damaskus 1240. Die neuere Forschung hat auch den Einfluß Ibn al'Arabis auf Dantes *Divina Commedia* nachgewiesen. Man vergleiche dazu Miguel Asin, *Islam and the Divine Comedy* (John Murray, London 1926).

H. H. Schaeder führt ein persisches Lehrgedicht von hohem poetischen Wert aus dem Jahre 1311 an, das gulšam i rāz des Mahmud Sabistari. Hier wird unter anderem auch der „vollkommene Mensch" behandelt, und zwar in jenen Vorstellungen und Begriffen, die schon seit Jahrhunderten fest geprägt waren. Von ihm wird gesagt, er lege den doppelten Weg zurück, zunächst abwärts in die Welt der Erscheinungsmannigfaltigkeit und Sünde bis in ihre tiefste Tiefe, dann aufwärts zum Licht und zur göttlichen Einheit. Eben das ist auch der Weg Parzivals. Dieses geistige Erweckungsmysterium, aufgezeigt am Lebensweg des Menschen, hat um die Wende des zwölften zum dreizehnten Jahrhundert seine höchste und erhabenste epische Gestaltung in Wolfram von Eschenbachs Gralsdichtung gefunden.

Die Hauptpflegestätten der alchimistischen und astrologischen Wissenschaften waren in den nachchristlichen Jahrhunderten die Großstädte Nord- und Ostpersiens mit ihrer vielfach gemischten, aus Iraniern, Turaniern, Syrern und selbst Indern und Chinesen zusammengesetzten Bevölkerung. Hier sind wir im Zentrum des alten Manichäismus. Die Turkestanfunde haben uns gezeigt, welch bedeutende Rolle er im Fernen Osten gespielt hat. Aber nicht minder stark und nachhaltig ist sein Einfluß auf das Abendland. Augustinus ist in seiner Jugend neun Jahre lang Manichäer gewesen. Seit dem Ende des vierten nachchristlichen Jahrhunderts können wir in westlichen Ländern, vor allem in Nordafrika, Spanien, Gallien und Italien zahlreiche manichäische Gemeinden nachweisen.

Die bekanntesten neumanichäischen Sekten sind die Katharer und Albigenser in Südfrankreich, die in der zweiten Hälfte des zwölften Jahrhunderts großen Einfluß gewannen. Zu Anfang des dreizehnten Jahrhunderts gehörten fast sämtliche Fürsten und Barone Südfrankreichs zu den Gläubigen dieses Neumanichäismus. Neben dem Neumanichäismus blühte in der Provence der Minnesang der französischen Troubadoure. Auch die französischen Tempelherren hatten viele Ordensburgen in Südfrankreich. Vollkommen sicher ist es, daß die Bezeichnung der Gralsritter als Templeisen, die sich nur bei Wolfram findet, auf die Tempelritter hinweist und bereits in Wolframs Hauptquelle gestanden haben muß. Denn dieser Orden war damals in Deutschland nur wenig verbreitet und galt in der zweiten Hälfte des zwölften Jahrhunderts geradezu als deutschfeindlich.

Die Beziehungen von Wolframs Dichtung sowohl zu den Troubadouren der Provence wie auch zum Neumanichäismus und zum Tempelritterorden sind von der neueren Forschung eindeutig erwiesen. So folgt daraus, daß alle Bedingungen für die Entstehung des Parzivals Wolframs bzw. seiner Hauptquelle in der Provence, wir können ruhig sagen, nur in der Provence gegeben waren.

VI. Die arabisch-astrologische Quellenschrift der Gralssage

Hören wir nun, was Wolfram selber in seiner Dichtung dazu sagt:

„Im Staube zu Toledo fand
Kyot, der Meister wohlbekannt,
Die Sag' in krauser Heidenschrift,
Die hier der Mären Urquell trifft.
Ein Heid', er hieß Flegetanis,
Den man um reiches Wissen pries,
Aus Salomons Geschlecht erkoren,
Vom Stamme Israel geboren,
In alter Zeit, bevor uns Schutz
Die Taufe ward vor des Teufels Trutz,
Ein weiser Kenner der Natur,
Der beut vom Gral die erste Spur.
Ein Heide wars von Vaters Seite,
Der einem Kalb Anbetung weihte
Und zu ihm flehte wie zu Gott.
Flegetanis, des Heiden Mund,
Gab weisheitsvoll und sicher kund
Der Sterne Niedergang und Lauf,
Wann jeder wieder tauchet auf,
Wo jeder auf- und niedersinkt,
Und wann er seinen Lauf vollbringt.
Der Kreislauf der Gestirne zeigt,
Wohin der Lauf des Menschen neigt.
Flegetanis, der Heide, schaute,
Was er nur schüchtern anvertraute,
In der Gestirne Licht und Lauf
Ein tief Geheimnis und deckt' es auf:
Es gäb ein Ding, ‚der Gral' genannt;
So sprach er, da er den Namen fand
Geschrieben in den Sternen klar."

(453, 11 ff.)

Es wird hier deutlich gesagt, daß der Urquell der Gralssage in der kosmischen Sternenweisheit des Altertums zu suchen ist. Der Heide Flegetanis, der vom Gral die erste Spur bietet, weihte einem Kalb Anbetung. Dieses Kalb ist ebenso wie das goldene Kalb, welches die Juden nach dem Auszug aus Ägypten anbeteten, das Kulttier des Sternbildes Stier, das Symbol der ägyptischen Isis. In diesem Tierkreisbilde lag der Frühlingsanfangspunkt zur Zeit der ägyptisch-babylonischen Kultur. Der Stier war daher das heilige Tier dieser Epoche. Man denke auch an den ägyptischen Apis-Stier. Das großartigste Vermächtnis dieser Kulturepoche ist der Tempelbau ihrer alten Sternenweisheit. Der Heide Flegetanis stammt mütterlicherseits vom König Salomon aus dem jüdischen Volke, dessen besondere Aufgabe die Entfaltung der persönlich-irdischen Ich-Kräfte war. Väterlicherseits ist Flegetanis Heide und schöpft noch aus den alten Sonnenkulten, aus dem schauenden Sternenwissen der babylonisch-ägyptischen Ära.

Das astrologische Erbe der Antike hüteten im frühen Mittelalter, wie schon dargelegt, die islamischen Araber. Daher wurde die Sternenkunde vom Gral überliefert in einer arabisch-astrologischen Schrift, die der Meister Kyot im Staube zu Toledo fand und zuerst im christlichen Sinne deutete. Toledo war damals die Hochburg arabischer Wissensübermittlung in Spanien. Dort hatte sich einst auch Gerbert von Aurillac, der spätere Papst Silvester II., eingehend mit der Mathematik und Astrologie der Araber befaßt. Jenes christlich-astrologische Gralsbuch des Provenzalen Kyot ist die Hauptquelle für Wolfram von Eschenbach gewesen, als er im Parzival die Gralssage neu gegestaltete. Eng verbunden aber war, wie wir bereits erwähnten, schon seit der Antike mit der Astrologie die Alchimie. Auch diese alchimistischen Vorstellungen sind aus der arabischen Quellenschrift in die Parzivaldichtung übergegangen und mit dem Gral in Verbindung gebracht worden.

VII. Die astrologischen, alchimistischen, anthropologischen Grundlagen der Gralssage

Bei Wolfram und Kyot ist der Gral ein Stein, nicht eine Schale wie in der späteren christlichen Überlieferung. Wolfram nennt den Gral geradezu lapis elixir, d. h. Stein des Lebenselixiers, Stein der Weisen (469, 7). Da offenbart sich schon im Namen deutlich die astrologisch-alchimistische Urbedeutung des Grals. In die gleiche Richtung weist die etymologische Deutung des Wortes „Gral", das abzuleiten ist von dem Wort gradalis. Gradus heißt Stufe oder Weihegrad. Der Weg zum Gral war eine „via gradalis", ein Stufenweiheweg. Diese via gradalis, dieser Stufenweiheweg, stand buchstäblich in den Sternen geschrieben, denn es war ursprünglich damit gemeint der Einweihungsweg durch die sieben planetarischen Sphären.*) In den Mysterien des Altertums wurden die sieben Weihegrade nach den Planetensphären genannt. Wer zum Gralskönig berufen wird, der muß alle sieben planetarischen Weihegrade empfangen haben. Darum spricht Kundrie, die Gralsbotin, zu Parzival bei seiner Berufung:

„Nun merke, Parzival!
Der höchste der Planeten, Zwal (Saturn),
Dazu der schnelle Almustri (Jupiter),
Almaret (Mars), glanzhell Samsi (Sonne),
Sie bringen Heil und Segen dir;
Der fünfte heißt Alligafir (Venus),
Den sechsten nennt man Alkiter (Merkur),
Und uns der nächst ist Alkamer (Mond).
Was der Planetenlauf umkreist
Und was ihr Schimmer überglänzt,
So weit ist dir dein Ziel gegrenzt,

*) Man vgl. dazu: Franz Rolf Schröder, *Die Parzivalfrage*, München 1928, S. 49 u. S. 39—44.

Das hast du Macht, dir zu erwerben.
Nun muß dein Kummer ganz ersterben."
(782, 5 ff.)

Im astrologischen Sinne muß der Gralskönig auf seinem Lebenswege durch alle kosmischen Sphären vom Mond bis zu Saturn und Sonne hindurchgeschritten sein. Jedes Menschenleben ist im Grunde solch ein Gralsweg, eine „via gradalis", denn die Lebensalter von der Kindheit bis zum Greisenalter lassen sich den Planetensphären zuordnen. Die Weisheit des heiligen Grales umfaßt die Lebensganzheit und bewirkt den harmonischen Zusammenklang von Himmel und Erde. Wer die Gralsburg, das Schloß der goldenen Sonne, betritt, ist aus dem einseitigen Gerichtetsein der Lebensalter und Planetensphären herausgetreten. Er schaut ins Leben nach allen Seiten gleichzeitig, wie die Sonne nach allen Seiten auf die Planeten sieht. Seine Lebensalter liegen um ihn wie in konzentrischen Kreisen. Aus solch allseitigem Schauen wird ein allseitig liebendes Umfangen, ein vollkommenes Geborgensein von Mensch und Kosmos in Gott.

Im alchimistischen Sinne hat der Gralskönig den Stein der Weisen gefunden, hat das Blei des Saturn in Gold verwandelt. Gold ist das Metall der Sonne und der wahre König der Metalle. Wie die Sonne das Harmoniezentrum für alle Planetenbahnen ist, so ist das Gold Ausdruck für die Harmonie schaffenden Kräfte in der Natur und im Menschen. Gold verbindet sich nicht leicht mit anderen Substanzen, es steht als König über ihnen. Von den gewöhnlichen chemischen Prozessen wird Gold nicht angegriffen. Die Natur dieses edlen Metalles hält sich aus jeder Art von Fesselung heraus und wahrt immer das Gleichgewicht zwischen den Extremen. Alle Polaritäten kommen in ihm zur Überhöhung. Gold ist darum ein altes Heilmittel für Herzkrankheiten und die Störungen des Blutkreislaufes. Das Herz als Zentrum des Blutkreislaufes entspricht der Sonne als dem Zentrum der Planetenbahnen. Die Weisheit des heiligen Grales ist eine goldene Sonnenweisheit, das heißt eine von Herz- und Liebeskräften durchströmte Weisheit.

Wo die Alchimie nicht entartet zur Goldmacherei, wo die Astrologie nicht herabsinkt zur wahrsagenden Astromantik und bloßer Horoskopstellerei, da sind beide Wissenschaften aufs engste verbunden mit einer kosmischen Anthropologie. Echte Alchimie und echte Astrologie haben im Grunde nur eine Aufgabe: die Würde des Menschen zu künden, dessen wahres Urbild in Gott selber geborgen ist und alle kosmischen und irdischen Sphären durchdringt. Der Mensch trägt in sich mineralisch-stoffliches, pflanzlich-lebendiges, tierisch-triebhaftes und menschlich-denkbewußtes Wesen. Diese niedere Vierheit aber wird dauernd von einer höheren Dreiheit durchstrahlt, welche in unserem Überselbst sich offenbart als Gottes Licht, Gottes Liebe, Gottes Leben. Diese sieben Wesensschichten im Menschen ordnet man in der Astrologie und in der Alchimie den sieben Planeten und den sieben Metallen zu.

Es gibt aber auch eine alte Mysterienüberlieferung von großen kosmischen Epochen der Menschheitsentwicklung, die durch diese astrosophisch-alchimistischen Metallsignaturen charakterisiert werden. Ich meine die bekannte Weltalter-Lehre vom goldenen, silbernen, kupfernen und eisernen Zeitalter, wie sie sich z. B. bei Hesiod und Ovid findet. Diese Lehre spricht vom Ursprung der Menschheit im göttlichen Licht und von ihrem stufenweisen Absinken in immer niederere Sphären. Das goldene Zeitalter ist ein Sonnenzeitalter, das silberne ein Mondenzeitalter, das kupferne ein Venuszeitalter, das eiserne ein Marszeitalter. Die gesamte uns historisch bekannte Menschheitsgeschichte bis in die älteste Steinzeit hinauf untersteht dem Mars und dem Eisen. Die Menschheit auf dem versunkenen Erdteil Atlantis lebte im kupfernen Venuszeitalter. Das noch ältere silberne Mondenzeitalter wäre entsprechend der in der Südsee untergegangenen lemurischen Kultur zuzuordnen, und das goldene Sonnenzeitalter der im hohen Norden zu suchenden hyperboräischen Kultur.

Entsprechungen zu dieser Weltalter-Lehre finden wir bei vielen Völkern der Erde. Ich erinnere nur an die alt-indische Lehre vom Ablauf der vier Weltzeitalter des Krita, Treta,

Dvapara und Kali-Yuga sowie an die Weltalter-Lehre des persischen Bundehesh, die ursprünglich auf das Avesta des Zarathustra zurückgeht. Bereits zweitausend Jahre vor Christus finden wir die gleiche Weltalter-Lehre in Sumer und Babylon. Nach der Gestaltung der Kulte und Mythen zu schließen, sagt der berühmte Assyriologe Hugo Winkler, reichte diese Lehre sogar bis ins vierte Jahrtausend vor Christus zurück. Diese Weltalter-Lehre berichtet aber nicht nur vom Ursprung der Menschheit aus dem göttlichen Licht und von ihrem Absinken in niedere Sphären, sondern sie kündet auch prophetisch von einem Wiederaufstieg der Menschheit ins göttliche Licht, von der zukünftigen Wiederkehr des goldenen Zeitalters. Die Weltalter-Lehre umgreift so Vergangenheit und Zukunft der Menschheit, weiß vom paradiesischen Ursprung, von Sündenfall und Erlösung, umfaßt Genesis und Apokalypse der Menschheit.

Neben den kosmologischen tritt hier der soteriologische, der Erlösungsaspekt des Urmenschen. Diese großartige kosmische Anthropologie verband sich aufs engste mit Astrologie und Alchimie und wurde in den antiken Mysterien ebenso auf die Entwicklung der ganzen Menschheit wie auf die Entwicklung des einzelnen Menschen bezogen. Die Einweihung in die Mysterien führte den Einzelmenschen jenen Pfad der Läuterung, auf dem Blei in Gold verwandelt wird und der Mensch nach dem Durchgang durch alle Planetensphären zuletzt das Schloß der goldenen Sonne betritt, wiedergeboren durch Geist und Feuer im goldenen Zeitalter. Das sind die astrologischen, alchimistischen, anthropologischen Grundlagen der Gralssage.

VIII. Sternenweisheit und Sonnenmysterien, Gralsmysterien und Christentum

Deutlich tritt damit der Mysteriencharakter der Gralsüberlieferung hervor. Im *Perceval li Gallois* heißt es: „Diese Erzählung ist hoch zu bewerten und nicht Leuten zu erzählen, die sie nicht verstehen, denn ein gutes Ding, unter schlechten Menschen verbreitet, wird niemals von diesen gut behalten." Robert de Boron versichert: „Die große Geschichte vom Gral wurde noch niemals von einem sterblichen Menschen behandelt." Der erste Fortsetzer des Chrestien de Troyes, Gautier, sagt, es sei gefährlich, vom Gral zu reden, es wäre denn zur richtigen Zeit und am rechten Ort, und daß „man vom Gralsmysterium nicht sprechen kann, ohne zu zittern und die Farbe zu wechseln". (Julius Evola, *Das Mysterium des Grals,* München-Planegg 1955, S. 83 ff.) Darum heißt es auch bei Wolfram von Eschenbach:

„Flegetanis, der Heide, schaute,
Was er nur schüchtern anvertraute,
In der Gestirne Licht und Lauf
Ein tief Geheimnis und deckt es auf:
Es gäb ein Ding, der ‚Gral' genannt,
So sprach er, da er den Namen fand
geschrieben in den Sternen klar."
(454, 17 ff.)

Weil die Gralsmysterien Sonnenmysterien sind und in Kosmos und Mensch das höchste Zentrum, die Geistessonne des Gottes-Ich, zu enthüllen wagen, darum mußten sie aufs engste sich verbinden mit den Mysterien des Christentums, die von der Wandlung und Verklärung des Kosmos und des Menschen durch das Sonnengeisteslicht Christi künden. Die Gralsüberlieferung hat aber auch in ihren christianisierten Formen nur sehr wenig mit der apostolisch-römischen oder der orthodox-griechischen Kirche zu tun. Der Ahnherr des Gralskönigtums, Josef von Arimathia, wird der Sage nach direkt von Christus eingesetzt. Von ihm heißt es, er habe den Gral erlebt, bevor er die Taufe empfangen habe.

Die königliche Dynastie des Grals ist durchaus unabhängig von der römischen Kirche. Sie führt auf das nordische Königtum König Artus' zurück und vertritt ein wahrhaft weltweites, esoterisches Christentum, das auch die Geistigkeit der alten Völker und die Geistigkeit Indiens mit umfaßt. Feirefis, der Bruder des Parzival, erscheint bei Wolfram als der Vertreter Indiens. Er vermählt sich mit der Gralsträgerin Repanse de Schoye und hat zum Sohn den Priesterkönig Johannes, der später in Indien zum Hüter des Grals wird, weil der europäische Westen sich gegen die kosmische Grals-Esoterik zu verschließen beginnt. „König der Könige" heißt jener Priesterkönig im Fernen Osten. Priester und König ist er zugleich, weltliche und geistliche Würde, Adler und Kreuz miteinander vereinend. Sein Name Johannes deutet hin auf den johanneischen Charakter des Gralschristentums. Im Reiche des Priesterkönigs Johannes gibt es sowohl Vertreter des Heidentums wie des Christentums. Es herrscht im Gralschristentum also ein überkonfessioneller, überkirchlicher Geist, für den auch die heidnischen Religionen zu der einen, Heidentum und Christentum umfassenden Logos-Religion der Menschheit gehören.

IX. Tempelritter-Esoterik, provenzalische Troubadoure und neumanichäische Katharer

Das gleiche, weltweite johanneische Logos-Christentum wurde auch vom Tempelritter-Orden im Mittelalter vertreten. Die Übereinstimmung zwischen Gralsrittern und Templern wird bei Wolfram von Eschenbach schon am Namen deutlich erkennbar, denn bei Wolfram heißen die Gralshüter „Templeisen", d. h. Templer. Anstelle des Ausdrucks „Kirche" verwandten die Templer die Bezeichnung „Tempel", um auf jene Heidentum und Christentum in gleicher Weise umfassende Logos-Religion der Menschheit hinzuweisen. Sie ließen das kultisch-sakramentale Leben der historischen Kirchen voll gelten als äußere exoterische Form des Christentums. Dagegen lehnten sie den Anspruch der dogmatisch-religiösen Gemeinschaften, die höchste Form der Geistigkeit darzustellen, als frevlische Anmaßung ab. Sie wußten, daß jede Art von Totalitarismus Sektengeist verrät und Abfall von Gott ist.

Wie die Gralssage aus der Sternenschrift des Himmels abgelesen und ganz von astrologisch-alchimistischem Weistum durchdrungen ist, so beschäftigten sich auch die Templer mit Kosmosophie und Alchimie. Denn viele Darstellungen auf den Denkmälern und Grabsteinen der Tempelritter tragen astrologisch-alchimistische Symbole, z. B. das Pentagramm zusammen mit verschiedenen Planeten und Zeichen der Metalle. Bekannt ist, daß der Tempelritterorden einen eigenen esoterischen Kultus hatte und mehr als irgendein anderer Orden einen ausgesprochenen Initiationscharakter zeigte.

Die Esoterik des Templerordens und der Gralsströmungen steht nun auch noch in einem engen Zusammenhang mit dem Erblühen des Minnesangs, mit der Kunst der Troubadoure in der französischen Provence. In der Provence begründeten damals die Minnesänger eine neue freie Geistigkeit, die sich eng mit den mystisch-religiösen Lehren der Katharer-Gemeinden verband. Das war die „Gaya scienza", die „fröhliche Wissenschaft", der Troubadoure, welche Friedrich Nietzsche bewunderte, als er eines seiner grundlegenden Werke „Fröhliche Wissenschaft" nannte. Die Troubadoure impulsierten einen neuen Weg abendländischer Esoterik. Sie forderten nicht mönchische Askese und Weltentsagung, sondern gingen von der Anerkennung der den Menschen verliehenen Sinnennatur aus. Wohl ließen sie das asketische Heiligkeitsideal des christlichen Mönchtums gelten, wie ihre Verbindung mit den asketischen Katharern Südfrankreichs deutlich zeigt. Sie selber aber gingen einen anderen Weg. Nicht durch Abtötung der Erdennatur des Menschen wollten sie den Geist erkraften. Dieses asketische Ideal mönchischer Heiligkeit empfanden sie als vorchristlich-orientalisch. Das wahrhaft christliche Ideal ist nicht asketisch, sondern bejaht Leib, Erde und Sinnlichkeit im Vertrauen auf die Verwandlung der Erdennatur durch den Sonnengeist Christi. Die Troubadoure bejahten die im Blute waltenden Kräfte, die den jungen Menschen liebefähig machen. Sie wollten diese leiblichen Kräfte verklären, nicht unterdrücken oder abtöten. So lehrt schon Diotima in Platons Symposion, daß der Eros ein Mittler zum Göttlichen hin sei. So bejaht auch Christus die mystische Erotik, damit der ganze Mensch mit Leib, Seele und Geist vom Göttlichen verklärt und zur Auferstehung gebracht werden kann.

Der Troubadour Montanyagol aus Toulouse sagt: „Liebende sollen reinen Herzens sein und nur an Minne denken, denn die Minne ist keine Sünde, sondern eine Tugend, die die Schlechten gut und die Guten besser macht." Echte Minne ist ebenso rein wie das Gebet und hat mit sexueller Gier nichts zu tun. Wie in der Troubadour-Bewegung die Sexualität sublimiert wurde zum platonischen Eros, so führten die Katharer das religiöse Erlebnis auf eine Höhe, die nicht mehr zu überbieten war. Sie wußten, daß Gott die Liebe ist und daß das Göttliche in Wahrheit von keinem Dogma erfaßt werden kann. Ihnen war es nicht zu tun um die Lehre von Gott, um irgendwelche persönlichen Glaubensauffassungen, sondern ihnen war einzig wesentlich die Verwirklichung Gottes im persönlichen Leben, die reale Gotteserfahrung. Sie wußten: Gott entzieht sich dem Begriff. Er kann nur durch Schweigen verehrt werden und durch Läuterung der Seele erfahren werden. Sich seiner würdig zu machen ist alles. Ein berühmter Katharer-Weihespruch lautet daher:

„Was ist Gott?
Die wir hierher kamen,
Schweigen wir still,
Nennen wir nicht seinen Namen.
Bleiben wir still,
Beten wir still.
Wer sagen will,
Wer er ist,
Muß sein,
Der Er ist!
Amen."

Als die Römische Kirche den Kreuzzug gegen den Gral predigte und in den Albigenserkriegen jene vom Heiligen Geiste durchwehte Kultur der Provence vernichtet hatte, sprangen die letzten Katharer mit dem Jubelruf: „Gott ist die Liebe!" freiwillig in den brennenden Scheiterhaufen. Die Katharer waren Mystiker der Gottes-Liebe. Die Troubadoure waren Sänger der mystischen Erotik.

Otto Rahn hat in seinem Buch *Kreuzzug gegen den Gral* (Freiburg 1933) mit Recht hingewiesen auf diese innere Verbindung zwischen der lichtvollen Bewegung der Troubadoure und dem metaphysisch-religiösen Höhenschwung der Katharer, die geradezu als eine letzte Steigerung des minnesängerischen Lebensgefühls zu verstehen sind. Zwar waren die Katharer mit ihrer weltflüchtigen Askese und die Troubadoure mit ihrer freudigen Weltzugewandtheit Gegensätze. Aber sie empfanden sich nicht als sich ausschließende, sondern als sich ergänzende Gegensätze. Das Gebet der Katharer und die Liebeslieder der Troubadoure waren verschiedene, aber innerlich zueinander gehörende Hymnen auf die lichte Gottheit, geboren aus dem gleichen Geist der Freiheit und der Unabhängigkeit, wie er die Menschen des 12. Jahrhunderts in jener vom hellen Sonnenlicht überfluteten Provence erfüllte. Aus diesem Mutterboden ist auch die Gralsströmung erwachsen. Die Esoterik des Abendlandes stellt hier dem asketischen Ideal, wie es im Mönchtum vom Orient herübergekommen ist, ein neues, ganzheitlich mannweibliches Ideal gegenüber. Sie will die menschliche Persönlichkeit in ihrer ganzen Tiefe anerkennen und lehnt es ab, sie um des Geistes willen zu verstümmeln. Sie bejaht die volle Menschwerdung, den Durchbruch des Geistes durch die Sinnenwelt mit ihren Anfechtungen und ihren durch nichts zu ersetzenden Erfahrungen, die das Menschenwesen bereichern und ins Kosmisch-Umfassende ausweiten. Das ist ein Grundimpuls auf dem neuen Weg zum Geist, der von den Troubadouren und in den Gralsmysterien gesucht wird.

An den sogenannten „Minnehöfen" auf den Burgen und Edelsitzen der Provence bildete sich eine Esoterik der Minne aus mit richtigen Einweihungsstufen. „Fideli d'Amore", „Gläubige der Liebe", nannten sich diese Kreise. Der Einweihungsweg dieser christlichen Liebes-Esoterik führte zur Erweckung des mann-weiblichen, ganzheitlichen, gottebenbildlichen Menschen. Weiß und Rot, die alten alchimistischen Farben für Sonne und Mond, Frau und Mann, Seele und Geist, Mensch und Gott wurden in diesen esoterischen Strömungen zum Symbolzeichen für das ganzheitliche Menschenurbild. Eben deshalb spielen diese Farben Weiß und Rot auch in Wolframs Parzival eine so bedeutsame Rolle. Aus dem gleichen Grunde trugen die Tempelritter als Abzeichen ein rotes Kreuz auf weißem Gewande. Darum sind auch in Dantes Dichtung Weiß und Rot die Farben Beatrices.

Die Gralsströmungen, so sehen wir, waren zu Wolframs Zeit eng verbunden mit der Esoterik des Tempelritterordens, mit dem Minnesang der provenzalischen Troubadoure und den mystisch-religiösen Lehren der provenzalischen Katharer. Die Katharer aber pflegten, wie wir wissen, einen geistig-spirituellen Austausch mit den Bogomilen, die vom Balkan donauaufwärts eine manichäisch beeinflußte mystische Geisteslehre nach Europa hereintrugen, deren Wurzeln nach Osten bis ins indische Brahmanentum reichen. Die Weisheit des heiligen Grals ist auf diese Weise in ein Netz weltweiter Beziehungen hineinverwoben, die Westen und Osten, Europa und Asien miteinander verbinden.

X. Die Gralsdichtung des Robert de Boron und der „Jüngere Titurel" des Albrecht von Scharffenberg

Der Gralsdichter Robert de Boron stellt den Zusammenhang her zwischen dem Gral und dem Mysterium von Golgatha. Hier wird der Gral zur Schale, deren sich Christus beim letzten Abendmahl bediente. Sie ist geschnitten aus jenem Stein, der dem Luzifer bei seinem Sturz aus der Krone fiel. Josef von Arimathia aber, der später den Leib Christi vom Kreuze abnimmt und im eigenen Grabe bestatten läßt, fängt in dieser Schale Blut und Wasser auf, das nach dem Zeugnis des Johannes-Evangeliums aus der mit der Lanze gestoßenen Seitenwunde Christi hervorströmt. So ist Josef von Arimathia der erste Hüter des Grales. Er wird der Sage nach direkt von Christus zum Pfleger des Grals bestellt, bevor er noch die Taufe empfangen hat. Die königliche Dynastie des Grals ist, wie wir schon erwähnten, durchaus unabhängig von der römischen Kirche. Sie entfaltet abseits von dem überlieferten apostolischen Wirken in der Stille ein wahrhaft weltweites esoterisches Christentum. So erscheinen ja auch schon im Johannes-Evangelium hochspirituelle Persönlichkeiten, die nicht zu den zwölf Aposteln gehören, und die doch sowohl in ihrer Christusnähe als in ihrer geistigen Bedeutung die zwölf Apostel übertreffen. Man denke etwa an Nathanael unter dem Feigenbaum, an Nikodemus, „d e n Lehrer von Israel", wie Christus ihn nennt, an den vom Tode erweckten Lazarus, an des Lazarus Schwestern Martha und Maria-Magdalena und nicht zuletzt auch an Josef von Arimathia, der den Leichnam Christi in seinem eigenen Grabe birgt und zum ersten Hüter des Grals wird. Josef von Arimathia wird nach der Erzählung Roberts de Borons von den Juden eingekerkert, weil er den Leichnam Jesu heimlich aus dem Grabe entwendet haben soll. Doch der Auferstandene erscheint dem Josef im Kerker, macht ihn zum Gralshüter und stärkt ihn mit seinem Licht und Leben. Erst bei der Zerstörung

Jerusalems soll Josef von Arimathia durch Vespasian aus dem Kerker befreit worden sein, in dem er, von einem überirdischen Lichte gespeist, die ganzen Jahre hindurch sein Leben gefristet hat. Hebron, der Schwager des Josef von Arimathia, bringt später den Gral nach dem Westen in die Täler von Avalon, d. h. in den Bereich des keltischen, romfreien Christentums.

Ein Schicksalsgemälde des gesamten Gralsgeschlechtes wird am umfassendsten im sogenannten *Jüngeren Titurel* entworfen. Diese zwischen 1270 und 1280 entstandene Dichtung wurde lange Zeit für eine Dichtung Wolframs von Eschenbach gehalten, wird aber heute allgemein dem Albrecht von Scharffenberg zugeschrieben. Auch in dieser Dichtung wird die Zerstörung Jerusalems zum Ausgangspunkt für die Gralsströmung gemacht. Nachdem der salomonische Tempel zu Jerusalem endgültig zerstört ist, soll nun der unsichtbare Tempel eines weltweiten Menschheits-Christentums gebaut werden. Alle diese Könige, von denen die Gralssage spricht, sind als Geisteskönige zu verstehen. Titurel ist ein Enkel des Basille, der als Sohn des Königs Senabor von Kappadozien unter Vespasian die Eroberung Jerusalems mitmachte. Ludwig Uhland hat eine Nacherzählung des Titurel-Epos geschrieben*), die wir hier in gekürzter Form wiedergeben:

„Mit seinem Vater zieht Titurel auf Heerfahrt gegen die Sarazenen von Auvergne und Navarra. Zween Falken gleich schweifen die beiden in rauschendem Fluge umher, bis in allen Abendlanden der Heiden wenige mehr sind. So wirbt er in unverblühter Jugend bis zum fünfzigsten Jahre. Da bringt der Engel die Botschaft, daß Titurel um seiner Tugend willen zum Gral erwählt sei.

Er scheidet von den Eltern, die in Tränen Gott loben. Vom Gesang der Engel geleitet, kommt er zu einem pfadlosen Wald, der nach allen Seiten 60 Meilen sich erstreckt. Mitten im Walde

*) s. *Geschichte der deutschen Poesie im Mittelalter,* Uhlands Werke, Goldene Klassiker Bibliothek III. Teil, S. 240—242.

ragt ein Berg, den niemand finden kann, als wen die Engel führen, der bewahrte, behaltene Berg Montsalvatsch. Mit vielen Gezelten liegt auf diesem Berge Titurels künftige Schar. Über ihr schwebt in reichem Gehäuse der Gral, von unsichtbaren Engeln gehalten, denn noch lange soll nicht geboren sein, der ihn berühren darf. Was sie bedürfen, gibt der Gral, welch Gefäß man darunter hält, es ist mit der besten Labung voll. Reich an Gold und edlen Steinen ist das Land Salvaterre, denen bekannt, die in Galicien fahren (es ist das eine Landschaft in Nordspanien). Hier waltet Titurel, herrlich vor allen Königen. Er baut auf Montsalvatsch eine weite Burg, von ihr aus dient er Gott mit Speer und Schwert gegen die Heiden, die sich in der Wildnis ansiedeln wollen. Noch immer bleibt der Gral schwebend.

Da beschließt Titurel, ihm einen Tempel zu stiften, dessen Pracht niemand überbieten könne, ganz aus edlem Gestein, aus lauterem Gold, und wo man Holz zu dem Gestühle braucht, aus Aloe. Was man zum Werke bedarf, findet man von dem Grale bereit. Der Fels des Berges ist ein Onyx; eine Schicht desselben, mehr denn hundert Klafter im Umfang, säubert Titurel von Gras und Kräutern. Er läßt sie abschleifen, daß sie wie der Mond erglänzt. Auf ihr findet er eines Morgens den Grundriß des Werkes eingezeichnet. Rund, mit 72 Chören, jeder von acht Ecken, erhebt sich der Bau. Innerhalb und außen glänzt aus rotem Golde jeder Edelstein nach seiner Farbe. Je auf zwei Chören ruht ein hohes Glockenhaus. Allum zu einem Kranze stehen Türme, achteckig, mit vielen Fenstern; inmitten hebt sich einer, zweimal so groß als die anderen. Die Turmköpfe brennende Rubine, darauf kristallene Kreuze, auf jedem Kreuz ein Aar, von Gold funkelnd; von fern scheint er im Fluge zu schweben; das Kreuz, darauf er ruht, verschwindet dem Auge. Des mittleren Turmes Knopf ein Karfunkel, der den Rittern des Grales, wenn sie im Walde sich verspätet, durch die Nacht zur Heimat leuchtet. Zwo Glocken mit goldenen Klöpfeln rufen zum Tempel und zum Konvent, zum Tisch und zum Streite. An den Außenwänden des Tempels ist ergraben und ergossen, wie seine Diener täglich gewappnet zum Schutze des Grales kämpfen. Drei sind der Pforten, von Mittag, Abend und Mitternacht, jede mit reichen Vorlauben geziert. Nach Morgen sind die meisten Chöre gerichtet; gen Mittag führt ein Kreuzgang zu der Wohnung der Brüderschaft.

Im Innern des Tempels ist das Gewölbe ein blauer Himmel von Saphiren, mit Karfunkeln gestirnt, die selbst in dunkler Nacht erglänzen. Dazwischen ziehen, durch verborgene Kunst, die goldene Sonne und der silberne Mond, die sieben Tageszeiten zum Gesang anzeigend. Der Estrich ein kristallenes Meer; wie unter dünnem Eise sieht man Fische und Meerwunder sich bekämpfen. Die Mauern von Smaragd, darauf goldene Bäume mit Vögeln besetzt. Nirgends spannenbreit im Tempel ungeschmückt. Die Fenster statt Glases Berylle; auf ihnen, daß nicht der Glanz das Auge verletze, Bilder aus farbigem Gestein, nach welchem die Sonnenstrahlen sich färben. Entbehrlich ist zwar der Fenster Helle, Überfluß an Licht geben die edlen Steine, deren Glanz das lichte Gold entzündet . . . Der größeren Chöre einer ist dem heiligen Geiste geweiht, der Patron über all den Tempel ist; der nächste dabei der reinen Mutter Gottes, der dritte dem Johannes, die folgenden den übrigen 12 Boten . . . In der Mitte des Tempels aber steht ein überreiches Werk, diesen im kleinen darstellend, jedoch nur mit einem Altar. Hier soll der Gral bewahrt werden, wenn er sich niederlassen wird. In 30 Jahren ist der Bau vollbracht. Ein Bischof weiht Tempel und Altäre, da führt der Engel den Gral in die köstliche Zelle, die ihm bereitet ist."

Wir sehen also, der Gral spendet den Templeisen nicht nur Nahrung und Geisteskraft, sondern auch alle Baustoffe, die zur Vollendung des Tempels nötig sind. Der Gral ist also die Quelle aller Substanz, die quinta essentia oder Quintessenz, das fünfte, reingeistige Element, aus dem alle irdischen Stoffe entstehen und zugleich der Keim, aus dem die sich bildende Lichterde, das himmlische Jerusalem, entsteht. Der Gralstempel ist ein Denkmal des kommenden johanneischen Christentums des Heiligen Geistes. Darum sind seine ersten drei Chöre dem

Heiligen Geist, der reinen Mutter Gottes, d. h. in diesem Zusammenhang der göttlichen Sophia, und dem Evangelisten Johannes geweiht. Im ganzen hat der Tempel 72 Chöre, weil 72 die Symbolzahl aller Völker der Erde ist. 36 Türme hat der Tempel, weil 36 = 6 x 6 gemäß der pythagoreischen Zahlensymbolik die Bedeutung „Welt" hat. Die ganze Menschheit und die ganze Welt wird vom Gralstempel umfaßt. Die hohe Kuppel aus blauem Saphir, mit Karfunkeln gestirnt und mit Sonne und Mond geschmückt, stellt den Sternenkosmos dar. Die Mauern aus grünem Smaragd mit goldenen Lebensbäumen, von Vögeln durchschwirrt, und der kristallene Fußboden weisen auf die im himmlischen Licht verklärte Erde hin. Auf die Tiefen des Meeres deuten die Fische und Meerwunder unter dem kristallenen Estrich. Die Fenster sind aus Beryll, weil dieser Stein Hellsichtigkeit vermitteln soll. (Unser deutsches Wort „Brille" kommt von Beryll her, denn im Mittelalter verwandte man Berylle als Brillengläser.) Der Tempel hat drei Tore, hinweisend auf die Dreigliederung von Mensch, Kosmos und Gott. Auf den Turmknöpfen aus Rubin steht ein kristallenes Kreuz, und auf jedem Kreuz funkelt ein goldener Adler, weil das Siegelwappen des Großmeisters der Tempelritter einen Adler über dem Kreuz zeigte, hinweisend auf die Vereinigung von Mönchtum und Rittertum, geistlicher und weltlicher, priesterlicher und fürstlicher Macht in dieser Ordensgemeinschaft der Tempelritter. In Dantes *Göttlicher Komödie* kehrt eben dieses Symbol von Kreuz und Adler nicht weniger als 30mal wieder, weil in Dantes Werk ebenso wie in der Gralsdichtung die Esoterik der Tempelritter sich manifestiert. So wird die Weltsendung des Heiligen Gral in großartiger Weise durch diesen Gralstempel zum Ausdruck gebracht.

Albrecht von Scharffenberg erzählt in seinem *Jüngeren Titurel* als einziger unter den Gralsdichtern auch von den späteren Schicksalen des Grals und der Gralsburg, von der Entrückung des Grals und der Gralsburg in den Fernen Orient. Nachdem Anfortas erlöst und Parzival Gralskönig geworden ist, nimmt die Ruhelosigkeit der Menschen in Europa so zu, daß es den

Gralsrittern nicht mehr möglich ist, den weiteren Fall der sündigen Menschheit durch Gebet und Fasten aufzuhalten. Da will der Gral nicht länger im Westen bleiben. Die Templeisen, mit Titurel und Parzival an der Spitze, besteigen in Marseille ein Schiff, das auf weißem Segel ein rotes Kreuz zeigt. Weiß und Rot waren, wie wir sahen, die Farben der Tempelritter, die Farben auch Kondwiramurs und Beatrices, welche auf die Vereinigung von Weisheit und Liebe, Mond- und Sonnenkräften sowie auf das Mysterium des ganzheitlichen mann-weiblichen Gottmenschen hindeuten. Auf diesem Schiff bringen nun die Templeisen den heiligen Gral in den Fernen Osten nach Indien. Der Bruder Parzivals, Feirefis, der die einstige Gralsträgerin, Repanse de Schoye, geheiratet hat, zieht den Templeisen entgegen und führt sie mit dem Gral zum Priesterkönig Johannes, der Herrscher ist über die „drei Indien". Sein Land, so heißt es, liegt in der Nähe des Paradieses. In diese sagenhaften Länder wird nun der Gral von Parzival und den Templeisen gebracht. Auf ihr inbrünstiges Gebet hin werden auch die Gralsburg und der Gralstempel aus dem verderbten Volk des europäischen Westens auf wunderbare Weise in den Osten entrückt. Damit wird darauf hingedeutet, daß das esoterische Christentum des heiligen Grales sich mit der uralten Weisheitslehre Indiens einmal einen wird.

So klingt die Gralsdichtung des ausgehenden 13. Jahrhunderts in einen gewaltigen Sehnsuchtsruf aus nach dem, was dem Abendland, der abendländisch-christlichen Kirche verlorenging, nach einer echten, geistig schauenden, christlichen Gnosis. Heute aber ist der Weg frei für eine Erneuerung der Weisheit des heiligen Grales, in der westliche und östliche Geistigkeit ihre Versöhnung miteinander feiern werden.*)

Eben darum gewinnt die Parzival-Dichtung Wolfram von Eschenbachs heute eine neue Aktualität. Gralsmysterien sind

*) Wertvolles Material zur Geschichte der Gralsmysterien enthält das Buch von Rudolf Meyer, *Der Gral und seine Hüter*, Stuttgart 1956.

Menschheitsmysterien. Die Gralslegende hat die Pflege eines esoterischen, geistig schauenden Christentums zum Inhalt. Wer den Weg des Parzival geht, der dringt durch zu einem ins Kosmische und Überkosmische geweiteten Bewußtsein, der findet den Kosmos im Menschen und den Menschen mitsamt dem Kosmos in Gott. Die wahre Lehre vom Kosmos und vom Menschen ist aber gleichzeitig die wahre Christosophie, eben die Weisheit des heiligen Grales, die Westen und Osten, Europa — Amerika und Asien miteinander einen wird. Wenn diese angeblich feindlichen Brüder sich in gegenseitig befruchtender Ergänzung die Hände reichen werden zum gemeinsamen religiösen Wirken, dann wird die verborgene geistige Menschheitskirche, der Edelsteintempel des heiligen Grales, in strahlender Glorie neu erstehen.

XI. Der Perceval des Chrestien de Troyes und Wolframs Parzival. Originaltexte und Übersetzungen des Parzival

Der Percevalroman des Chrestien de Troyes ist wahrscheinlich die älteste der uns erhalten gebliebenen Gralsdichtungen und sicher neben Wolframs Epos die bedeutendste. In den Eingangsversen seines Werkes, das von tiefer Frömmigkeit durchatmet ist, gibt Chrestien als Quelle eine „Geschichte vom Gral" (li contes de Graal) an, die ihm sein Mäzen, Graf Philipp von Flandern, verschafft habe. Chrestien hat sein Werk nicht vollendet und ist spätestens um 1190 gestorben. Wir ziehen seine Dichtung nur gelegentlich heran und halten uns im wesentlichen an Wolfram von Eschenbach. Denn dieser, der als seine Hauptquelle den Meister Kyot von der Provence nennt, bietet uns sicher die ursprünglichere und echtere Gestalt der Gralssage. Am Ende seiner Dichtung sagt Wolfram selber:

„Von Troyes der Meister Christian
Hat der Märe Unrecht angetan.
Drob mag wohl zürnen Herr Kyot,
Der uns die wahre Mär' entbot.
Mit Recht schließt so der Provenzale,
Daß Parzival gelangt zum Grale,
Dem er geordnet und erkoren,
Nachdem ihn Anfortas verloren.
Aus der Provence in deutsches Land
Ward uns die rechte Mär entsandt
Und kam zu rechtem End und Ziel."
(827, 1—11)

Wolfram beschwert sich hier über Chrestien, weil dieser die Gralslegende zu stark historisiert und die Sternenweisheit, mit der der Gral ursprünglich eng verbunden war, außer acht gelassen hat. Graf Philipp von Flandern, dem Chrestien seine Quellenschrift (li contes de Graal) verdankte, hatte von seinem

Vater Dietrich eine Blutsreliquie Christi geerbt. Die Quellenschrift Chrestiens steht im Zusammenhang mit einer an den Besitz der Reliquie gebundenen Tradition. Die Sage ist hier zu stark angepaßt an die kirchliche Überlieferung. Die großen kosmischen Perspektiven sind verwischt. Wolframs Gewährsmann ist nicht der Besitzer einer Blutsreliquie, sondern Kyot, bzw. Flegetanis, der Besitzer der Sternenweisheit. Nicht in Erdenschrift, sondern in Sternenschrift ist die Gralssage ursprünglich geschrieben. (Man vgl. dazu Walter Johannes Stein, *Weltgeschichte im Lichte des heiligen Gral*, Stuttgart 1928, S. 179 ff.)

Meinen weiteren Ausführungen lege ich zugrunde die Originalausgabe des mittelhochdeutschen Parzivaltextes, die von Karl Bartsch in drei Bänden herausgegeben wurde: *Parzival und Titurel* I.—III. Teil, Verlag F. A. Brockhaus, Leipzig 1923 (Dritte Auflage) sowie: *Wolfram von Eschenbach*, hg. von Eduard Hartl (Neubearbeitete 6. Auflage des Lachmannschen Textes) — Verlag de Gruyter, Berlin (Nachdruck 1965). An Übersetzungen ins Hochdeutsche verwende ich außer der alten Parzival-Übersetzung unseres Dichters Karl Simrock (Verlag Cotta, Stuttgart 1857) die Übersetzung von Karl Pannier (Verlag Philipp Reclam, Leipzig) und die Prosa-Übersetzung von Wilhelm Stapel (Hanseatische Verlagsanstalt Hamburg 1937). Unzureichend, stark gekürzt und modern überarbeitet, aber flüssig lesbar ist die Übersetzung von Wilhelm Herz (Verlag Cotta, Stuttgart 1927). Den *Perceval* des Chrestien de Troyes zitiere ich in einer guten deutschen Wiedergabe von Dr. Konrad Sandkühler (Verlag Freies Geistesleben, Stuttgart 1963). Eine kurze, aber doch recht gute Inhaltsangabe des Wolframschen Epos, der ich gelegentlich folge, bietet K. Henninger, *Die Parzivalsage* (Verlag Hermann Schaffstein, Köln).

XII. Inhaltliche Darstellung und Deutung von Wolframs Epos

Nachdem wir im Vorausgehenden die großen geistesgeschichtlichen Zusammenhänge und historischen Quellengründe der Gralssage darzustellen und die weltweiten Horizonte zu umreißen versuchten, in denen diese Dichtung gesehen sein will, geben wir im Folgenden eine inhaltliche Darstellung des Wolframschen Epos und werden zugleich versuchen, die Bilder und Imaginationen dieses tief religiösen und mystischen Werkes zu deuten. Dabei werden wir das Wahrspruchwort Sri Aurobindos aus seiner *Philosophiegeschichte des Ostens und Westens* (Bd. II, London 1953, S. 442) bestätigt finden: „Den Alten war der Dichter noch Seher, der verborgene Wahrheiten kündete, die Einbildung war keine tanzende Kurtisane, sondern Priesterin im Hause Gottes, deren Aufgabe es war, nicht trugvolle Täuschungen zu ersinnen, sondern verborgene Wahrheiten bildhaft darzustellen."

1. Einleitung

Wolfram von Eschenbach leitet sein Epos mit folgenden eindrucksvollen Versen ein:

„Wenn Wankelmut beim Herzen wohnt,
Wie das mit Leid der Seele lohnt!
Denn scheckig nach der Elstern Art,
Ist wer die Treu mit Untreu paart,
Mit Schmach die Ehre, Fluch mit Heil!
An ihm hat Höll und Himmel teil.
Wer ganz der Falschheit sich gesellt,
Ist schwarz wie Satans finstre Welt.
Doch ein getreuer steter Sinn,
Der wandelt licht zum Lichte hin."

(1, 1—14)

Wolfram unterscheidet hier dreierlei Arten von Menschen: Getreue, ungetreue und durch Zweifel gespaltene Menschen. Die Farbe der getreuen ist weiß. Die Farbe der ungetreuen ist schwarz. Die Farbe der durch Zweifel gespaltenen, die zwischen Gut und Böse hin- und herschwanken, ist schwarz und weiß. Sie sind scheckig nach der Elstern Art. Auffällig ist auch die Häufung der gegensätzlichen Begriffspaare. Weiß — Schwarz (finster), Himmel — Hölle, Staete — Unstaete (Treue — Untreue). Das erinnert uns an den Dualismus des Avesta und der Manichäer, an die einander gleichgeordneten gegensätzlichen Prinzipien wie Licht — Finsternis, Geist — Materie, Gott — Teufel, Gut — Böse usw.

Ins Großkosmische gesteigert finden wir die Spaltung der Einheit des Ich bei der iranischen Sekte der Zervaniten. Sie betrachten Zervan (die Zeit) als ein ursprüngliches, selbständiges Wesen. Dieser Zervan, so lehrten sie, hegte lange den vergeblichen Wunsch, einen Sohn zu erzeugen, der die Weltschöpfung unternehmen könnte, bis er zuletzt in Zweifel geriet. Da entstanden aus dem Zwiespalt in seinem Innern die beiden Gegner Ormazd und Ahriman.

Bei den drei Arten von Menschen, die Wolfram in seinen Einleitungsversen unterscheidet, fühlt man sich auch erinnert an die urchristliche Einteilung der Menschen in Pneumatiker — Geistmenschen, Psychiker — Seelenmenschen, und Sarkiker — Körpermenschen. Im Pneumatiker überwiegt das geistige Prinzip, im Psychiker das seelische, im Sarkiker das körperliche. In die gleiche Linie weist bei den Manichäern die Einteilung der Menschen in die drei großen Klassen der „Wahrhaftigen" oder „Auserwählten" (Electi), der Laien oder „Hörer" (Auditores) und der „Unbekehrten", der Heiden.

Die Einleitungsverse geben klar das Grundthema der ganzen Dichtung an. Wolfram weist auf die thematische Bedeutung dieser Verse noch einmal besonders hin, indem er schreibt:

„Dies flücht'ge Gleichnis ist der Toren
Einfält'gem Sinne ganz verloren:

Der Tor des Bildes Sinn nicht sieht,
Vor seinen Blicken es entflieht
Recht wie ein aufgeschreckter Hase."
(1, 12—16)

Weiterhin sagt Wolfram: „Aber lassen wir den Toren. Auch unter den Weisen dürfte es schwerlich einen geben, der nicht erfahren möchte, wohinaus meine Geschichte wohl steuert und was für ‚gute Lehre' sie austeilt. Diese Geschichte nimmt unverzagt ihren Lauf, sie flieht und jagt, entweicht und greift an, tadelt und ehrt. Wer diesem bunten Spiel (d. h. den Wechselfällen des Lebens) zu folgen vermag, wer sich dabei nicht verhockt und nicht verläuft, sondern sich — versteht, der ist ein weiser Mann und wird die Mär' recht begreifen." (2, 5—16)

Der weise Mann, der die Märe wohl versteht, ist allen Wechselfällen des Lebens gewachsen, sie dienen ihm zur rechten Selbsterkenntnis. Er weiß, daß das äußere Schicksal nur ein Spiegel seines inneren Wesens ist. Der flüchtige Hase ist in der mittelalterlichen Bildsprache und im deutschen Märchen Symbol für die flüchtige Welt der sinnlichen Wahrnehmung. Wer den Hasen fängt oder hütet, wandelt sein sinnlich-intellektuell gebundenes Bewußtsein in das supramental-kosmische Bewußtsein. Das eben ist das Grundthema des ganzen Epos, die Überwindung der Subjekt-Objekt-Spaltung, die Wandlung des in seinem Ich gespaltenen Seelenmenschen in den pneumatischen, in Gott geeinten Geistmenschen. Durch den „Zwifel", den Zweifel, gelangt Parzival zur „saelde", zur Seligkeit. Der schwarzweiße Mensch soll zum leuchtend weißen Menschen werden. Darum schließt Wolfram sein Epos mit der Erzählung von Parzivals Sohn Lohengrin, der als weißer Schwanenritter der Fürstin Elsa von Brabant durch den Gral zu Hilfe gesandt wird.

Wir werden am Ende der Dichtung noch einmal auf diese Farbsymbolik zurückkommen. In den weiter folgenden Versen kennzeichnet Wolfram dann sein Gedicht als ein Hohes Lied der Treue. Die Treue ist ihm die Tugend schlechthin. Er versteht darunter viel mehr, als dieses Wort uns heute bedeutet.

„Die Treue ist ihm“, wie Wilhelm Herz treffend bemerkt, „der Inbegriff aller zu dauernden Charakterzügen gewordenen, edlen Regungen der Seele, die Standhaftigkeit im Guten überhaupt, wohlwollende Teilnahme, Selbstlosigkeit und Herzensgüte, Menschlichkeit, Ehrlichkeit und jene Offenheit, die wir noch heute Treuherzigkeit nennen.“

Dann wendet der Dichter sich seinem Helden selber zu und sagt:

„Eine Geschichte will ich euch erzählen, die ihr noch nicht kennt. Sie handelt von so großer Treue, von des Weibes rechter weiblicher Art, von aufrechter Mannheit des Mannes, die sich keiner Härte beugte. Das tapfere Herz betrog ihn nicht. O Du Stahl, wenn Du zu kämpfen kamst, gewannest Du mit Siegerhand manchen rühmlichen Preis! O Du kühnes Herz, das langsam nur weise ward! So grüße ich Dich, meinen Helden, Du süße Lust der Weibesaugen — und Du warst doch zugleich eine Qual den Frauenherzen! Du flohst wahrlich alles Unedle! Aber für die Geschichte ist er, den ich mir zum Helden erkoren habe und von dem man diese Abenteuer mit ihren Wundern berichtet, einstweilen noch ungeboren.“ (4, 9—26)

2. *Gachmuret*

Der Dichter erzählt uns nun zuerst ausführlich vom Vater des Parzival, von Gachmuret. Dieser wird uns geschildert als ein abenteuerlustiger Ritter, als ein großer Held. Er legt keinen Wert darauf, das Erbe seines Vaters mit seinem Bruder Galoes zu teilen. Er überläßt dem Bruder das väterliche Land und reitet in die Ferne. Nur dem mächtigsten König will er dienen. In den Fernen Osten führt ihn seine Reise. Zum Kalifen Baruch kommt er nach Bagdad. Der galt damals als der mächtigste Herrscher der Erde. Dem hilft er nun in seinen Kämpfen gegen Ägypten (mit Babylon ist Babylon bei Kairo gemeint). Überall ist er zunächst vom Glück begleitet. Er erringt für den Kalifen von Bagdad den Sieg. Ägypten muß sich unterwerfen. Dann zieht Gachmuret weiter, durch Arabien, durch Persien, kommt nach Damaskus, schließlich geht's auch noch hinüber nach Afrika. Er kommt in das Land der Mohrenkönigin Belakane. Die ist in großer Not, sie ist bedrängt von Feinden und hat Krieg mit ihnen. Gachmuret weiß auch diesen Krieg zugunsten der Königin zu entscheiden. Die schwarze Königin gefällt ihm nun so gut, daß er sie heiratet. Aber diese Ehe ist nicht von Dauer. Noch kein Jahr ist vergangen, da treibt ihn die Abenteuerlust weiter, und ein Schiff nimmt ihn mit nach Sevilla. So kommt Gachmuret wieder nach Europa zurück.

Wir sehen also in Gachmuret einen Ritter, wie es in der Zeit der Kreuzzüge wohl viele gegeben hat. Gachmuret hat das Streben: Hinaus in die weite Welt! Durch aller Herren Länder muß er reisen. Die ganze Welt will er kennenlernen. Es ist nicht zufällig, daß gerade alle die alten Kulturländer genannt werden: Babylon, Ägypten, Arabien, Persien, schließlich sogar Afrika. Der Sohn des Gachmuret und der Belakane, Feirefis, der schwarz und weiß ist, hat später nach Indien geheiratet, und da spielt dann auch noch das ferne Indien hinein in die Geschichte.

Gachmuret ist also ein Mensch, der eigentlich am liebsten die ganze Menschheit umfassen möchte, der die ganze Welt bereisen will, der den Drang hat nach einer umfassenden Menschlichkeit. Aber er sucht diesen Drang zu befriedigen, indem er nur äußerlich die ganze Welt durchzieht. Er sucht einfach von außen her die ganze Menschheit zu erfassen. Das kann aber im Grunde kein Mensch. Dabei verliert der Mensch sich selbst, wenn er die Menschheit auf diese Weise in sich verwirklichen will, daß er äußerlich die ganze Welt bereist. Obwohl Gachmuret ein großer Held, ein tapferer Ritter ist, kommt er doch eigentlich nicht zu dem Ziel, das er sich gestellt hat. Er wird zwar König im Mohrenland, später auch König im Abendland. Er vereint in dieser Weise Osten und Westen. Er hätte von sich sagen können: „Alle Reiche der Welt habe ich kennengelernt, überall schätzt man mich.“ Und doch zerfließt ihm alles unter den Händen. Er kann nicht Treue halten. Das, was in der Einleitung der Dichtung hingestellt wird als Haupteigenschaft des wahren Menschen, die Treue, die Staete, eben die hat Gachmuret nicht. Wohl mag er sich darum mühen, Treue zu halten. Er ist kein gewissenloser Mensch. Als er sich von der Königin Belakane trennt, wird ihm das sehr schwer. Aber er hat doch nicht genug Staete, um wahrhaft treu sein zu können. So wie es ihn von Ort zu Ort treibt, so treibt es ihn auch von Mensch zu Mensch.

Als er in Spanien wieder gelandet ist, sucht er seinen Vetter Kaylet auf, der in Toledo lebt. Aber dieser Vetter ist nicht zu Hause. Er ist nach Norden gezogen zu einem großen Turnier, das die Königin Herzeloyde in ihrer Hauptstadt Kanvoleis veranstaltet. Herzeloyde ist eine junge Witwe. Sie will den Ritter, der im Turnier Sieger bleibt, heiraten und ihm ihr Land anvertrauen. Dieses ritterliche Abenteuer lockt nun wieder Gachmuret. Und wirklich gelingt es ihm auch, Sieger im Turnier zu werden. Da bietet ihm die Königin ihre Hand und ihr Land an.

Jetzt zaudert Gachmuret zunächst, denn er fühlt sich doch gebunden an Belakane. Belakane, wenn sie auch eine Mohrin ist, wird uns als eine schöne und treue Frau geschildert. Sie war tief betrübt, als Gachmuret sie verließ. Sie wäre gerne bereit gewesen, eine Christin zu werden, nur aus Liebe zu Gachmuret. Man sieht, wie treu sie an ihm hängt. Auch der Name: Belakane — Pelikan — deutet ja schon auf ihre treue Liebe hin. Der Pelikan war im Mittelalter ein Sinnbild für tiefe, selbstlose Liebe. Auf Fahnen der Fronleichnamsprozession sieht man noch heute oft den Pelikan abgebildet, weil der Pelikan geradezu ein Sinnbild für Christus war. Es ging im Mittelalter die Sage, daß der Pelikan mit seinem eigenen Blute seine Jungen speise. Christus vergießt sein Blut für die Menschen, gibt im Abendmahl sein Blut den Menschen zum Tranke. Die Frau, die den Namen Belakane — Pelikan — trägt, ist eine Frau, die echt, tief, selbstlos und treu zu lieben weiß. Gachmuret tut also ein schweres Unrecht, indem er sie verläßt. Das spürt er auch selbst. Ihm fehlt es an der Staete.

Das Wappentier des Gachmuret ist von Haus aus ein Panther, ein Sinnbild dafür, daß Gachmuret ein leidenschaftlicher Kämpfer ist. Aber Wolfram von Eschenbach erzählt, daß Gachmuret sein Wappen gewechselt hat. Er hat sein Wappentier, den Panther, das wilde Tier, das eigentlich Ausdruck seiner eigenen Astralität war, nicht leiden mögen und hat statt dessen sich einen Anker zum Wappen genommen. Da spricht sich deutlich das Streben Gachmurets aus: Seine Natur hat etwas vom Panther an sich, aber er sehnt sich nach Höherem. Wenn er sich den Anker zum Wappen wählte, dann wird damit ausgedrückt, daß er sich danach sehnte, Treue halten zu können. Er wollte den Anker auf den Grund werfen. Er wollte Halt finden, Grund gewinnen in der Tiefe — und konnte es doch nicht. Schließlich heiratet Gachmuret die Herzeloyde.

Inzwischen ist sein Bruder Galoes gestorben, er erbt sein Reich und von Herzeloyde bekommt er die Reiche Waleis und Norgals. Ein Jahr lang leben Gachmuret und Herzeloyde glücklich miteinander. Dann dringt der Ruf des Kalifen von Bagdad zu ihm. Ein neuer Krieg ist ausgebrochen, und Gachmuret soll dem Kalifen beistehen. Da hält es ihn nicht länger in der Heimat. Er eilt wieder dem Kalifen zu Hilfe, und diesmal kommt er im Fernen Osten bei diesen Kämpfen um. Die Speerspitze, die ihn tötete, bringt sein Knappe der Herzeloyde. Tief unglücklich ist nun die Witwe. Sie hat das bevorstehende Unglück schon geahnt. Nun hat sie ihr Liebstes verloren, wie es ihr ein Traum bereits voraus verkündete. Vierzehn Tage nach Empfang dieser Nachricht bekommt sie ein Kind, und dieses Kind nennt sie Parzival. Um dieses Kind nun, das Einzige, was ihr geblieben, ganz an sich zu binden, zieht sie mit ihm in die Waldeinsamkeit.

3. Parzivals Kindheit

Das Leben der Herzeloyde mit Parzival in der Einsamkeit des Waldes ist ein Gegenbild zu dem Leben, das Gachmuret geführt hat. Gachmuret hat die ganze damals bekannte

Welt bereist, hat die ganze Menschheit durch dieses äußere Streben in sich zu einen gesucht, Osten und Westen. Im Gegensatz dazu geht Herzeloyde mit Parzival in die Einsamkeit. Sie will nicht einmal im öffentlichen Leben ihrer eigenen Heimat stehen. Sie zieht sich in eine abgelegene Waldeinsamkeit zurück und richtet sich ganz auf das innere Leben. Sie strebt nicht wie Gachmuret nach äußerer Weltumfassung. Sie strebt nur nach Stille, nach innerer Ruhe und Sammlung und will abgeschieden von den Menschen ihrem kleinen Glücke leben. Soltane heißt der Wald, in dem sie lebt. Das heißt soviel wie Einsamkeit. In dieser Einsamkeit wird nun der kleine Parzival groß. Die größte Sorge der Mutter ist es, daß das Kind niemals vom ritterlichen Leben etwas erfahren möge; denn wenn das ritterliche Leben an ihn herankommt, so fürchtet sie, wird in ihm das Streben erwachen, selbst ein Ritter zu werden, und dann wird sie ihn verlieren.

Bedeutsam offenbart sich in der Kindheitsgeschichte Parzivals sein Wesen. Schon im kleinen Parzival spürt man seinen Heldenmut, seinen starken, aktiven Willen. Man sieht in dem kleinen Kind einerseits schon den kühnen Ritter, andererseits sieht man auch, daß es ein Kind ist mit einem ganz besonders weichen Gemüt, einem feinen und zarten Empfinden, anders, als wohl gewöhnlich Rittersöhne gewesen sein mögen. Seine Jagdlust treibt den kleinen Jungen dazu, auf die Vögel zu schießen. Aber wenn er einen Vogel getroffen hat, und dieser dann tot zu Boden fällt, bricht er in Tränen aus, weil ihm der Vogel leid tut. Er hat ein weiches Herz. Sogar schon der Gesang der Vögel wirkt so mächtig auf den kleinen Buben, daß er in Tränen ausbricht, wenn die Vögel so schön zwitschern und singen. Das ist also nicht bloß ein starker und mutiger Junge, sondern auch ein sehr fein empfindender, im Gefühl lebendiger Junge. Ganz besonders eindringlich ist die Schilderung der Sage, die von der ersten Begegnung Parzivals mit fremden Rittern im Walde berichtet.

Hören wir hier einmal die Erzählung des Chrestien de Troyes, die Wolfram in gleicher Weise bringt:

„Es war zu der Zeit, da die Bäume blühen, die Wälder sich belauben, die Wiesen in frischem Grün prangen und die Vögel in ihrem Latein am Morgen süß singen, und jedes Ding vor Freude flammt. Da erhob sich der Sohn der Witwe im öden, einsamen Wald, und er legte ohne Mühe den Sattel auf sein Jagdroß und nahm drei Wurfspeere zur Hand. So verließ er das Haus seiner Mutter und dachte, er würde die Feldarbeiter aufsuchen, die seine Mutter hatte und die ihr eben den Hafer eggten; sie hatten wohl zwölf Ochsen und sechs Eggen.

So tritt er in den Wald ein, und jetzt freut sich sein Herz im Leibe ob des schönen Wetters und der Gesänge der Vögel, die ihre Freude kundtaten; dies alles gefiel ihm über alle Maßen. Wegen der Milde des heiteren Wetters nahm er dem Pferde die Zügel ab und ließ es im frischen, grünen Grase weiden. Und er, der mit den Speeren, die er trug, gut zu werfen verstand, ging umher und warf bald nach rückwärts, bald nach vorwärts, bald nach unten und bald nach oben, bis er durch den Wald fünf bewaffnete, in volle Rüstung gekleidete Ritter kommen hörte. Die Waffen der Ankommenden machten großen Lärm; denn oft stießen die Äste der Eichen und der Eschen daran, alle Panzerhemden klirrten, und die Lanzen stießen an die Schilde. Es klang der Schaft, es klang das Eisen, wohl von den Schilden wie den Panzern.

Der Junker hört, aber er sieht nicht die Ritter, die da in schnellem Gange ankommen. Er wundert sich über die Maßen darob und spricht: ‚Bei meiner Seele, die Wahrheit sagte mir meine Frau Mutter, daß die Teufel fürchterlicher seien als irgend etwas auf der Welt; und sie sprach es, um mich zu belehren, daß man sich gegen sie bekreuzigen muß; aber diese Lehre will ich verachten, denn wahrlich, ich will nicht das Kreuz schlagen, sondern ich will den Stärksten so mit einem meiner Spieße treffen, daß mir keiner der anderen mehr nahe kommen soll.‘

So sprach der Junker bei sich selbst, bevor er sie sah. Als er sie jedoch offen aus dem Walde heraustreten sah und die klirrenden Panzer erblickte und die helleuchtenden Helme und die Lanzen und die Schilde, deren er doch nie vorher gesehen hatte; wie er das Grün und das Purpurrot gegen die Sonne leuchten sah, und das Gold und Azur und das Silber, da wurde ihm gar wohl und freudig zumute, und er sprach: ‚Ach, Herr, Gott, Erbarmen! Das sind Engel, die ich hier sehe! Wahrlich, nun habe ich schwer gesündigt, nun habe ich gar schlecht gehandelt, da ich sagte, es seien Teufel; und meine Mutter erzählte mir keine Lügen, als sie mir sagte, die Engel seien die schönsten Wesen der Welt außer Gott, der schöner ist als alle. Hier sehe ich Gott, den Herrn, dünkt mich; denn einen so schönen sehe ich darunter, daß die anderen, so Gott mich schütze, nicht den zehnten Teil an Schönheit haben. Und das sagte meine Mutter selbst, daß man an Gott glauben, ihn anbeten und kniefällig ehren müsse; ich werde diesen anbeten und alle anderen mit ihm'."

(Chrestien de Troyes, *Perceval,* Übers. von K. Sandkühler, Stuttgart 1963, S. 9—10)

Wir sehen also, wie der Junge sich hier erst freut, kindlich freut an dem schönen Frühlingstag, an dem Glanz der Sonne, an dem Gesang der Vögel. Wie lebendig steht dann vor uns sein Erschrecken, als er meint, da kommen Teufel auf ihn zu. Schließlich aber schlägt die Stimmung wieder um. Als er die Ritter sieht, da ist er überzeugt, das sind Engel und der schönste von ihnen ist Gott selber. In all dem offenbart sich das reine, kindliche Gemüt des Buben. Ganz unverdorben ist dieses Kind und offen für alles Gute und Schöne. Nur zu gut kann man verstehen, wenn der Junge jetzt selber, als die Ritter sich ihm als Ritter zu erkennen geben, wünscht, ein Ritter zu werden. Er will gleich zu König Artus ziehen, damit der ihn zum Ritter schlage. Er hat kein Gefühl dafür, daß er damit seine Mutter betrübt. Er hängt wohl in Liebe an seiner guten Mutter, er nimmt auch willig alle ihre Lehren auf. Er ist kein ungehorsames Kind. Er hat seine Mutter wirklich von Herzen gern, aber daß die Mutter ihn festhalten will im Walde, damit er kein Ritter werden soll, das kann er ganz und gar nicht verstehen. Da geht er denn schließlich einfach über die Mutter weg und löst sich von ihr. Die Mutter sucht dann, als sie sieht, daß sie den Jungen nicht aufhalten kann, möglichst noch dahin zu wirken, daß er in der Welt draußen eine schlechte Aufnahme findet. Sie hat die Hoffnung, er käme dann wieder zu ihr zurück. Deshalb kleidet sie ihren Buben in die etwas lächerlich wirkende ländliche Tracht, damit er draußen am Ritterhofe ausgelacht wird, wenn er in dieser bäuerlich-ländlichen Tracht dort erscheint. Und schließlich gibt sie ihm beim Abschied auch noch eine Reihe von guten Lehren.*)

„Mein Sohn", sprach sie, „höre meinen Rat. Ziehst du pfadlos durch Wald und Heide, so meide dunkle Furten, denn sie sind gefährlich. Ist das Gewässer aber seicht und klar, so reite getrost hindurch. Sei höflich gegen jedermann und versage niemand Deinen Gruß. Nimm weise Lehren von alten, erfahrenen Leuten an, folge ihnen ohne zu murren. Wenn Du von einer edlen Maid Gruß oder Ring erlangen kannst, so zögere nicht. Keuscher Frauen Kuß bringt Segen. Wisse auch, daß Du ein Königssohn bist und daß Dir der stolze Lähelin Deine angestammten Reiche geraubt hat." „Das werde ich einmal rächen!" rief Parzival. Dann küßte er seine Mutter, schwang sich aufs Rößlein und ritt davon. Die Mutter lief ihm nach, bis er ihren Blicken entschwand, dann brach ihr vor großem Jammer das Herz, und sie sank tot zur Erde.

4. Parzivals Auszug in die Welt und seine ersten Abenteuer

Wohlgemut ritt Parzival durch den einsamen Wald. Er ahnte nicht, daß seine Mutter gestorben war. Als er an ein Bächlein kam, dessen Wellen vom schattigen Ufer verdunkelt wurden, gedachte er der Mutter Lehre. „Meide die dunklen Furten!" So ritt er den ganzen Tag den Bach entlang und übernachtete

*) Wir folgen weiterhin der Nacherzählung von K. Henninger.

im Freien. Erst am anderen Morgen fand er die Stelle, die ihm seicht und klar genug erschien, um hindurchzureiten.

Nun kam er auf eine anmutige Wiese, dort fand er ein prachtvolles Zelt aus dreifarbigen Sammetdecken mit kostbaren Borten verziert. Neugierig trat er hinzu und schaute in das Zelt hinein. Da sah er eine wunderschöne Frau sanft schlummernd auf einem weichen Ruhebette liegen. Es war Jeschute, die Gemahlin des stolzen Herzogs Orilus von Lalander. Als Parzival an ihrer Hand ein Ringlein erblickte, gedachte er der Mutter Wort. „Wenn Du von einer edlen Maid Gruß oder Ring erhalten kannst, so zögere nicht!“ Rasch entschlossen neigte er sich über die Schläferin, küßte sie und zog ihr den Ring vom Finger. Da erwachte Jeschute und erschrak in tiefer Scham, als sie den fremden Eindringling erblickte. „Was fällt Euch ein, Junker!“ sprach sie, „daß Ihr hier mein Gemach entehrt? — Geht, sucht Euch eine andere Gespielin!“ „O, sei doch nicht böse!“ versetzte Parzival. „Meine Mutter hieß mich also tun, da ich von ihr fortzog, doch darf ich bitten, so gib mir zu essen, mich hungert sehr!“ „Hoffentlich werdet Ihr mich nicht auch noch auffressen wollen“, sprach sie lachend. „Dort auf dem Tisch steht Brot und Wein, auch zwei Rebhühner sind dabei. Eßt davon, soviel Ihr mögt, obgleich das Mahl eigentlich nicht für Euch bestimmt war.“

Parzival setzte sich an den Tisch und ließ sich's gut schmekken. Jeschute schaute ihm kopfschüttelnd zu. Es deuchte ihr, dem Jüngling fehle es am Hirne. Da sie aber die Heimkehr ihres Gemahles fürchtete, drängte sie Parzival zur Eile und sprach: „Junker, nun seid so gut und gebt mir meinen Ring zurück und dann hebt Euch von dannen! Denn trifft Euch mein Gemahl allhier, so geht's Euch übel!“ Trotzig erwiderte der Jüngling: „Er mag nur kommen! Ich fürchte ihn nicht. Doch da Du selbst wünschst, daß ich fortgehe, so will ich von hinnen reiten. Das Ringlein aber werde ich als Andenken behalten.“ Er gab ihr noch einen Kuß zum Abschied und sprach: „Gott behüte Dich! So hat mich's meine Mutter geheißen.“ Dann schwang er sich auf das Rößlein und ritt davon.

Bald darauf kehrte Herzog Orilus zu seiner Gemahlin zurück. An den Fußspuren in dem betauten Grase merkte er sogleich, daß ein Fremder in seinem Zelt gewesen war. Jeschute erzählte von dem jungen Toren, der ihr den Ring geraubt und von ihr zu essen begehrt habe. Da ward der Herzog sehr zornig und schwur, den kecken Junker zu züchtigen, wenn er seiner habhaft würde. Jeschute aber solle zur Strafe als Magd auf einem elenden Klepper hinter ihm herreiten. Sogleich schwang er sich wieder aufs Roß und zwang seine Gemahlin, ihm auf einem alten Gaul zu folgen. Traurig ritt sie hinter ihm drein, doch den sie suchten, der war schon längst davon.

Parzival war gemächlich seines Weges weitergeritten. Wer ihm begegnete, den grüßte er freundlichst und fügte jedesmal hinzu: „So hat's mich meine Mutter geheißen." Als er einen Bergeshang hinabritt, vernahm er ein lautes Wehklagen. Er eilte hinzu, und da sah er eine Jungfrau, die sich vor großem Herzeleid das Haar raufte. In ihrem Schoße aber lag ein toter Ritter. Parzival sprach zu der weinenden Jungfrau: „Gott schütze dich, du edle Maid! Ob du traurig bist oder froh, ich grüße dich doch von Herzen, wie mich's meine Mutter geheißen hat. Doch, welch jammervollen Fund sehe ich auf deinen Knien? Wer gab dir den wunden Ritter?" Die Maid schwieg. Da fuhr er fort zu fragen: „Sag mir doch, wer hat denn den Ritter erschlagen? Wenn ich ihn noch einholen kann, würde ich gerne mit ihm kämpfen!" Da sprach die Jungfrau: „Ich sehe, daß du tugendsam bist und ein mitleidig Herz hast. Dieser Ritter war mein Verlobter, Fürst Schionatulander. Herzog Orilus hat ihn vor kurzem im Zweikampf getötet. Ich selber heiße Sigune. Doch nun sag mir auch deinen Namen, edler Jüngling." „Meinen Namen?" sprach Parzival verwundert, „den weiß ich nicht! Meine Mutter nannte mich nur ‚mein Sohn', ‚mein Liebling', ‚mein einziger Trost'."

Kaum vernahm Sigune diese kindische Rede, so erkannte sie in dem Jüngling ihren nahen Verwandten; denn Frau Herzeloyde war ihre Muhme, bei der sie ihre Kindheit zugebracht hatte. Daher sprach sie: „Fürwahr, du bist Parzival, der Sohn

Frau Herzeloydens. So merk dir deinen Namen wohl! Er bedeutet ‚Mittendurch'. Vernimm auch, daß dein Vater ein Königssohn von Anjou war und deine Mutter eine Königin von Waleis und Norgals. Mit Fug und Recht gebührt dir die Krone dreier Reiche. Aber zwei Brüder haben dir und mir viel Leides angetan. Fürst Lähelin raubte dir deine Länder, und Herzog Orilus leistete ihm Beistand. Auch dieser Tote hier ward deinetwegen erschlagen. Er war mit deinem Vater Gachmuret nach Bagdad gezogen, während ich von deiner Mutter erzogen ward. Als er nach Herrn Gachmurets Tode heimkehrte, ward er mir in Liebe zugetan. Ich aber forderte von ihm als Preis für meine Hand, daß er Frau Herzeloydens Kummer an ihren beiden Feinden räche, bevor wir uns vermählten. Nun ist er im Zweikampf wider Herzog Orilus gefallen. Ach, all mein Glück ist mit ihm dahin!" „Ich werde dein Leid rächen!" rief Parzival voller Streitbegier, „zeig mir den Weg, den Herzog Orilus geritten ist." Sigune aber bangte für das Leben des unerfahrenen Jünglings, darum zeigte sie ihm einen anderen Pfad, auf dem er sich weit von Orilus entfernte. Doch mußte ihn der Weg schließlich ins Bretonenland zu König Artus führen.

Als Parzival sich von seiner Mutter trennt, beginnt, wie wir deutlich spüren, ein ganz neuer Abschnitt in der Dichtung Wolframs. Da liegt die eigentliche Kinderzeit hinter ihm. Indem er sich von der Mutter löst, wird er zum Jüngling. Er ist zwar noch ein recht täppischer Jüngling, halb Kind, halb Jüngling. Alle die Gebote, die die Mutter ihm gegeben hat, nimmt er ganz äußerlich. Die Leute schütteln den Kopf über ihn. Schon die Ritter meinten ebenso wie Jeschute, diesem Jüngling fehle es am Hirn.

Parzival trifft nun zuerst Jeschute, die Gattin des wilden Herzogs Orilus von Lalander. Orilus führt im Wappen einen Drachen und trägt auch auf seinem Helm einen Drachen. Das entspricht dem Wesen dieses Menschen. Er ist ein ungemein leidenschaftlicher und wilder Ritter. Als er hört, daß Parzival bei Jeschute gewesen ist, hat er gleich den Verdacht, Parzival habe ihm seine Frau abspenstig machen wollen. Er glaubt dem nicht, was Jeschute ihm erzählt. Er behandelt sie, als wenn sie ihm untreu geworden wäre, und zwingt in seiner ganz von Leidenschaft und Eifersucht erfüllten Seele seine Frau, ihm auf einem elenden Klepper nachzureiten. Dieser Ritter Orilus ist also eine Verkörperung der wilden Triebnatur des Menschen. Er begegnet deshalb dem Parzival zuerst auf seinem Lebensweg, weil in der Zeit, wo der Mensch vom Kinde heranreift zum Jüngling, in der Zeit der Pubertät, zuerst die Welt der leidenschaftlichen Triebe im Menschen lebendig wird.

Die zweite Begegnung, die Parzival hat, ist das Zusammentreffen mit Sigune, die ihren toten, von Orilus erschlagenen Bräutigam Schionatulander im Schoße hält. Während der Ritter Orilus hinweist auf die Leidenschaften, die niedere Triebwelt, ist die Begegnung Parzivals mit Sigune, die den Erschlagenen auf dem Schoße trägt, ein Bild des Todes. Teufel und Tod sind die beiden Mächte, mit denen der Mensch zu ringen hat. Der junge Mensch, der wie Parzival aus der geborgenen, stillen Einsamkeit der mütterlichen Heimat hinaustritt in die Welt, begegnet zuerst diesen beiden Mächten. Gleichzeitig erfährt nun Parzival von Sigune seinen Namen. Er selber kannte bis dahin seinen Namen nicht, kannte nur die Kosenamen, die ihm die Mutter gegeben hat. Sigune erkennt ihn und deutet ihm auch seinen Namen. Sie schärft ihm ein: „Du heißt Parzival, und dieser Name bedeutet ‚Per - ce - val'" — „durch das Tal" — „Mitten durch". Dieser Name ist Sinnbild für das Wesen Parzivals. Er soll mitten hindurch reiten durch die Mächte dieser Welt, mitten hindurch zwischen Tod und Teufel, so wie Albrecht Dürer auf seinem Bilde „Ritter, Tod und Teufel" den christlichen Ritter darstellt, der zwischen Tod und Teufel zur Gralsburg hinreitet.

Die Erlebnisse mit Orilus, Jeschute und Sigune charakterisieren die Pubertätszeit im Menschenleben. Die Zeit, die Parzival bei seiner Mutter verlebte, war eine kindlich-harmonische Epoche. Über diesem Lebensabschnitt leuchtete noch der Glanz des Kindheitsparadieses. In der Begegnung mit Jeschute und Sigune empfängt Parzival gleichsam seine Jugendweihe. Mitten durch Teufel und Tod hindurchzureiten, das ist die Bestimmung des jugendlichen Menschen.

5. Parzival, der rote Ither und die Tafelrunde des Königs Artus

Parzival kommt am Abend des zweiten Tages zu einem Fischer. Der nimmt ihn bei sich auf. Zum Dank schenkt er dem Fischer Frau Jeschutens Ring. Der Fischer weist ihm den Weg weiter zum Hofe des Königs Artus, zur Stadt Nantes. Das ist nun wiederum ein bedeutsamer Übergang in eine neue Welt. Parzival sieht da zuerst weit in der Ferne Stadt und Burg des Königs Artus liegen. Am Meere liegt die Stadt, blau ist das Meer, und vor dem blauen Meer kommt aus der golden leuchtenden Stadt heraus ein roter Ritter. In seiner Hand schwingt er einen goldenen Becher. Den hat er dem König Artus geraubt. Das ist der rote Ritter Ither von Gahevies, der sich gegen seinen Oheim, den König Artus, aufgelehnt hat. Die Tafelrunde des Königs Artus zählt 12 Ritter. König Artus ist der dreizehnte im Kreise seiner Zwölferrunde. Die zwölf Ritter des Königs sind gleichsam Abbilder der zwölf Sternbilder der Sonnenbahn, und Artus selber ist Abbild der Sonne. Die Artusritter werden uns in der Sage immer geschildert als die Verwalter des wahren Rechtes, die Recht schaffen und das Recht behüten in der Welt. Der Sonnengeist der Gerechtigkeit waltet durch sie, und die Tafelrunde verkörpert die wahre, die gerechte Sternenordnung der Natur. Gegen diesen König hat sich nun der rote Ither empört. Die rote Rüstung des Ritters, die mit ihrer Farbe hinweist auf das rote Blut, ist ein Bild dafür, daß diese Gestalt das symbolisiert, was im Blute des Menschen lebt, das eigenwillige, persönliche Ich des Menschen. Zum Überfluß schwingt Ither auch noch in der Hand den goldenen Becher, der Sinnbild ist für das Herz des Menschen.

So ist der rote Ritter mit dem goldenen Becher Symbol für das selbständig gewordene, das eigenwillige Ich des Menschen, das sich auflehnt gegen die Sternenordnung der Natur, gegen die naturgebundene Gesetzlichkeit. Es kommt für jeden Menschen einmal die Zeit, wo er selbständig wird. Ausgewachsen ist der Mensch mit 21 Jahren. Dann erst hat er voll Besitz ergriffen von seinem Körper. Dann kann er über sich selber verfügen.

Wenn nun Parzival in die Stadt des Königs Artus einzieht und dabei dem roten Ritter begegnet, so ist das ein Bild dafür, daß Parzival selbst jetzt eine neue Stufe des Menschseins erreicht hat. Er kommt zum ersten Mal in eine Stadt, in die Stadt des Königs Artus, welche die gottgewollte Ordnung der Natur verkörpert. Diese Stadt, in die Parzival einzieht, ist beherrscht von den 12 Rittern, welche die 12 Sternbilder repräsentieren. Sie ist auch ein Symbol für den menschlichen Körper. Der Leib ist die Stadt, in die der Mensch mit 21 Jahren einzieht. Er ist nach astrologischer Anschauung von den 12 Bildern der himmlischen Sterne beherrscht. Die Alten ordneten die einzelnen Teile unseres Körpers den 12 Sternbildern zu. So war das Haupt dem Sternbild des Widders zugeordnet, der Hals dem Stier, die Arme und die Lunge den Zwillingen, die Brust dem Krebs, das Herz dem Löwen, der Unterleib der Jungfrau, die Hüften der Waage, die Sexualorgane dem Skorpion, die Oberschenkel dem Schützen, die Knie dem Steinbock, die Unterschenkel dem Wassermann, die Füße den Fischen. Parzival ergreift Besitz von seinem Körper. Aber in ihm wird zugleich stark das eigenwillige Ich, der rote Ritter. Diesen roten Ritter muß er besiegen, muß jeder Mensch besiegen, wenn er in dieses Alter kommt.

In der Tafelrunde selbst erkennt niemand die Bedeutung des Parzival. Nur Kunneware, die Schwester des Herzogs Orilus, die gelobt hat, niemals mehr zu lachen, bis sie den gesehen hat, dem es bestimmt ist, der größte Held auf der Erde zu werden, erkennt in dem jungen, täppischen Menschen den größten Helden der Erde und lacht zum ersten Male. Sie weiß natürlich nicht, was Parzival einmal tun wird. Aber sie ist so beeindruckt von der Menschlichkeit dieses Jungen, daß sie lachen muß. Der schweigsame Ritter Antanor, der nicht reden wollte, bis Kunneware gelacht hat, bricht dabei auch sein Schweigen. Der Seneschall Keye aber, der Truchseß ist am Hofe des Königs Artus und der da achten muß auf das Einhalten der rechten Formen, hat kein Verständnis für die Bedeutung des Parzival. Er schlägt Kunneware und Antanor und beschimpft sie, weil sie diesen täppischen Menschen für etwas halten, was er nach seiner Meinung gar nicht sein kann. So wenig wird innerhalb des Kreises, der die alte geordnete Welt mit ihrer Gesetzlichkeit und ihren festen Formen verkörpert, das kommende Neue erkannt.

In Antanor und Kunneware müssen wir geistig hellseherisch begabte Menschen erkennen. Mit den gewöhnlichen Sinnen war das nicht zu fassen, was in Parzival lebte. Es ist ja auch ganz gegen Menschenverstehen und -begreifen, wenn es dem Parzival nun gelingt, den roten Ritter Ither wirklich zu überwinden. Normalerweise ist es dem Menschen gar nicht möglich, seinen Eigenwillen in diesen jungen Jahren zwischen 20 und 30 schon zu überwinden. Scherzhaft sagt unser großer Philosoph Fichte einmal: „Mit 20 Jahren pflegt der junge Mensch viel klüger zu sein als sein Vater, mit 30 Jahren ist er ebenso klug wie sein Vater, mit 40 Jahren fragt er bei allem, was er tut, seinen Vater um Rat." Parzival aber ist ein Ausnahmemensch. Ihm gelingt es, den roten Ritter, den eigenen selbstsüchtigen Ichwillen, zu bändigen. Er besiegt den Ritter, nimmt ihm sein Roß, zieht seine Rüstung an und ist nun selbst zu einem roten Ritter geworden, der die Macht des ich-süchtigen Blutes in sich beherrscht. Am Abend dieses Tages kehrt Parzival nicht wieder zu König Artus zurück. Man müßte erwarten, er hätte sich von König Artus nach dieser Heldentat zum Ritter schlagen lassen. Aber er weiß noch nicht, daß man auch zum Ritter geschlagen werden muß. Alle diese höfischen Formen sind ihm fremd. Er meint, wenn er die Rüstung hat, dann ist er schon gleich ein Ritter. Ohne König Artus noch einmal aufzusuchen, zieht er weiter.

6. *Parzival und Gurnemanz*

Frohgemut und sonder Reue ritt Parzival seinen Weg.*) Ithers Roß war unermüdlich. Es lief mit ihm über Stock und Stein bis zum Abend. Da sah er von Ferne die Zinnen einer Burg im Abendsonnengolde leuchten. Ein Turm nach dem andern stieg vor ihm empor, daß es ihm schien, als wüchsen sie vor ihm aus der Erde. Parzival ritt auf die Burg zu. Vor ihr lag eine grüne Wiese. Dort saß im Schatten einer breitästigen Linde der greise Burgherr Gurnemanz von Graharz. Als Meister in allen ritterlichen Tugenden war er weit und breit geachtet. Der Jüngling redete ihn von seinem Roß herab nach seiner Gewohnheit an: „Gott grüß Euch, würdiger Greis, so wards mir von meiner Mutter befohlen! Auch gebot sie mir, vom Alter weise Lehren anzunehmen. Darum bitt' ich Euch um guten Rat; ich will Euch gern folgen, wie's mir die Mutter eingeschärft hat." Gurnemanz erwiderte: „Seid mir willkommen, junger Herr! Gern gewähre ich Euch Herberge in meiner Burg und, da Ihr's wünscht, auch guten Rat. Nur müßt Ihr mir vertrauen und meine Unterweisung ohne Groll annehmen!"

Darauf warf er einen Sperber von seiner Hand empor, daß er sich, mit goldner Schelle klingend, als Bote zu der Burg aufschwang. Alsbald kamen flinke Knappen herbeigeeilt, die den Gast in den Burghof führten. Dort empfingen ihn viele edle Ritter und baten ihn, abzusteigen. Doch Parzival entgegnete: „König Artus verdanke ich dies Roß, und er machte mich damit zum Ritter. Also geziemt's mir nicht, abzusteigen, und ich will Tag und Nacht im Sattel bleiben." Die Ritter wunderten sich über diese seltsamen Worte, und erst nach langem Zureden gelang es ihnen, den müden Jüngling zum Absteigen zu bewegen. Nicht minder schwer ward es den Knappen, ihn seines schweren Panzers zu entledigen. Wie aber staunten sie, als sie unter der roten Rüstung das Narrengewand entdeckten.

*) Wir folgen hier wieder der Nacherzählung von K. Henninger.

Sie meldeten es sogleich ihrem alten Burgherrn, der nun selber herbeikam. Wie ein Vater nahm Gurnemanz sich des unerfahrenen Jünglings an. Er bewog ihn mit sanftem Zuspruch, das mütterliche Gewand abzulegen und ins Bad zu steigen. Dabei bemerkte er Wunden und blaue Stellen an Parzivals Leibe. Teilnahmsvoll erkundigte er sich nach der Ursache. Dann wusch und verband er den jungen Recken sorgsam mit eigener Hand, ließ ihm bequeme Hauskleider reichen und führte ihn zu Tisch.

Parzival langte tüchtig zu, denn seitdem er jenen Fischer verlassen hatte, hatte er weder gegessen noch getrunken. Der Wirt schaute ihm mit Ergötzen zu und mahnte ihn, mehr zu nehmen. Wie gern folgte der Jüngling der freundlichen Weisung. Nach dem Essen sprach Gurnemanz: „Ich glaube, daß Ihr müde seid. So folgt mir in die Kemenate!“ „Weiß Gott!“ versetzte Parzival, „meine Mutter ist gewiß schon längst zu Bett. Sie pflegt nicht so lange wach zu bleiben.“ Der Wirt lachte und führte ihn ins Schlafgemach, wo ein weiches Ruhebett mit Hermelindecken für den müden Gast bereitstand.

Spät am Morgen erwachte der Schläfer. Schnell sprang er auf, wusch sich und legte die neuen Kleider an, die Gurnemanz ihm geschenkt hatte. Als er unter die Burgbewohner trat, wunderten sich alle über seine Schönheit. Der greise Burgherr fragte ihn, wie er geschlafen habe. Dann ging er mit ihm zur Burgkapelle, wo ein Kaplan die Messe las. Dabei belehrte der Greis den unerfahrenen Jüngling über Seelenheil, Opfer, Segen und Christenbrauch.

Nun ging's zum Palas, wo das Morgenmahl im Saale bereitstand. Während des Essens fragte Gurnemanz den Gast nach Stand und Herkunft. Parzival erzählte treuherzig, was er wußte: von seiner Mutter Herzeloyde im Walde Soltane, von der schönen Jeschute, der er den Ring genommen, von Sigune und was sie ihm erzählt, von König Artus und der Tafelrunde und wie er den roten Ritter Ither besiegt und ihm die Rüstung abgenommen habe. Der Greis hörte aufmerksam zu. Als er den Tod des roten Ither erfuhr, seufzte er.

Nach dem Essen nahm er den Jüngling beiseite und sprach: „Obgleich Ihr so stattlich gewachsen und ein tapferer Ritter seid, redet Ihr doch noch fast wie ein Kind. Immer sprecht Ihr von Eurer Mutter; das ist nicht wohlgetan! Bewahrt ihr Gedächtnis tief im Busen, aber gebt es nicht jedermann preis, damit Ihr nicht darob verspottet werdet!“ Wie schnitt dem guten Sohn diese Meinung ins Herz! Dennoch fühlte er, daß der Alte recht hatte, und so hörte er weiter auf Gurnemanz' Lehren.

„Bewahrt Euch edle Scham!“ fuhr der Greis fort, „ein schamlos Herz ist wie ein Vogel ohne Federn — Erbarmt Euch des Dürftigen! Milde und Gütigkeit ist rechte Herrenart. — Befleißigt Euch der Demut! Dem Demütigen gibt Gott Gnade. — Übt weise Mäßigung! Werdet kein Verschwender, aber auch kein Geizhals! — Und hütet Euch vor vielem Fragen! Wenn man Euch aber fragt, so gebt bedächtige und verständige Antwort. — Redet stets die Wahrheit! Die Lüge ist des Ritters unwürdig. — Im Streit mit Eurem Gegner sucht Kraft und Großmut zu vereinen! Will der Besiegte sich ergeben, so nehmt sein Wort und laßt ihn leben! — Achtet die höfischen Sitten, wie Zucht und Anstand es gebieten! — Liebet und ehret die Frauen!“ Parzival dankte dem weisen Manne für seine trefflichen Ratschläge. Gerne ließ er sich von ihm auch in kunstgerechter Führung der Waffen unterweisen. Im Tjost mit anderen Rittern lernte Parzival Roß und Waffen recht gebrauchen und ward bald ihr aller Meister.

Zur Abendzeit kehrten sie in den Saal zurück, wo schon der Tisch gedeckt war. Des Burgherrn Tochter Liasse begrüßte den Gast auf des Vaters Geheiß mit einem Willkommenskusse. Im Umgang mit ihr und den anderen Burgfräulein lernte Parzival mit edlen Frauen auf ritterliche Art verkehren.

Vierzehn Tage blieb Parzival auf der Burg Graharz. Da trieb es ihn zu neuen Abenteuern hinaus in die Welt. Schweren Herzens sah ihn Gurnemanz scheiden. Drei Söhne hatte er im Kampf verloren, und Liasse war ihm als einziges Kind verblieben. Wie gerne hätte er den edlen Jüngling an Sohnes Statt für immer bei sich behalten! Auch Liassen rannen bei Parzivals Abschied die Tränen über die Wangen und sehnsüchtig sah sie ihm nach.

Diese ganze Geschichte vom Aufenthalt bei Gurnemanz ist eine äußere Erziehung in den höfischen Formen und Gebräuchen. Der Mensch, der in sich selbst das eigenwillige Ich gebändigt hat, wie Parzival das tat, als er den roten Ritter überwand, der muß nun auch äußerlich in ganz bestimmten Formen erzogen werden. Diese Formen sind nicht unwichtig, das gehört zum vollen Menschenbild dazu. Es heißt, vierzehn Tage bleibt Parzival bei Gurnemanz in Graharz. Aber diese Zeitangabe ist, wie alle Zeitangaben im Parzival, nicht als äußere reale Zeitrechnung zu verstehen. Vierzehn Tage, das heißt: Er bleibt zweimal sieben Zeitenkreise in Graharz. Wie lange das in Wirklichkeit gewesen ist, weiß man nicht. Das, was Parzival da aufnimmt, dieser ganze Erziehungsgang, läßt sich nicht in vierzehn Tagen durchführen. Nun aber ist Parzival erst wirklich so weit, daß er die Spuren seiner Kindheit in sich überwunden hat. Jetzt ist er losgekommen von der Mutterbindung. Jetzt ist er ein ganzer Mann geworden. Jetzt ist er ein gebildeter Mensch.

7. Parzival und Kondwiramur

Als Parzival Graharz verläßt, kommt er zum ersten Male in Berührung mit jener Frau, die in ganz besonderer Weise vom Schicksal für ihn bestimmt ist, die sein eigenes besseres Wesen verkörpert. Er kommt in Beziehung zu Kondwiramur. Der Name bedeutet: „Führerin zur Liebe". Diese Frau, die Königin von Brobarz ist und in der Stadt Pelrapeire wohnt, befindet sich in großer Bedrängnis. Als Parzival wegreitet von Graharz, achtet er nicht des Weges und überläßt seinem Pferde die Führung. Das Roß findet ganz von selbst den Weg hin nach Pelrapeire. Damit wird darauf hingewiesen, daß der Mensch den Menschen, der ihm vom Schicksal zugeordnet ist, nicht findet durch eigenes Überlegen, sondern durch Schicksalsführung.

Parzival wird von geistigen Mächten geführt, hin nach Pelrapeire, wo die für ihn bestimmte Frau wohnt. Die Stadt Pelrapeire aber ist von Feinden belagert. Niemand glaubt mehr, daß die Königin noch gerettet werden könne. Die Not ist schon viel zu groß. Kraftlos schleichen die Bürger umher, das Belagerungsheer triumphiert bereits. Von der Königin wird gesagt, sie blühe wie eine Rose, die im Morgentau aus der Knospe hervorschimmert: weiß und rot. Weiß und Rot, das sind die Farben der Kondwiramur. Bei Chrestien de Troyes heißt sie Blanche fleur, die weiße Blume. Sie führt im Wappen drei weiße Lilien. Parzival selber ist der rote Ritter, und er kommt in der roten Rüstung herein nach Pelrapeire. Da stehen sich nun Weiß und Rot gegenüber. Weiß ist die Farbe der Weisheit, Rot ist die Farbe der Liebe. Weisheit und Liebe sind Ausdruck unseres höheren Ich. Kondwiramur, die „Führerin zur Liebe“, ist Bildgestalt für das höhere, das bessere Wesen des Parzival selber. Darum liebt er Kondwiramur auch vom ersten Augenblick an. Er erkennt gleich sein eigenes höheres Selbst in ihr.

Aber diese reine, höhere, geistige Wesenheit der Kondwiramur ist auf das schwerste bedroht von niederen Gewalten, vom bösen König Klamide und seinem Marschall, von dem feindlichen Heer. So ist es bei uns Menschen allen. Unser eigenes besseres, höheres Wesen, unser weiß-rotes Wesen, ist dauernd von den niederen Gewalten bedroht. Der Hunger wütet in der Stadt, so daß das höhere Wesen keine Nahrung mehr finden kann. Das ist ein Bild für den Zustand jeder Menschenseele. Die reine, gottähnliche Geistseele ist dauernd in Gefahr zu verhungern in dieser Erdenwelt. Da kommt dieser bedrohten Stadt Parzival zu Hilfe.

Die ihr von ihrem Oheim geschenkten Nahrungsmittel läßt Kondwiramur auf Anraten Parzivals an das hungernde Volk verteilen. Wenn dann die Königin das letzte Brot mit Parzival teilt, so ist das fast wie ein sakramentaler Brotempfang. Es erinnert an eine Abendmahlshandlung. Ebenso feierlich ist der Moment, wo Parzival zur Ruhe gegangen ist und Kondwiramur um Mitternacht an das Lager des Parzival tritt, niederkniet und ihm von ihrem Jammer berichtet. Von Kerzenschein nur ist der Raum erhellt. Nun steht die Königin da in weißseidenem Hemd mit langem Sammetmantel. Auf Einladung Parzivals legt sie sich neben ihn aufs Bett, ohne daß er sie berührt, und klagt ihm ihre Not. Parzival verspricht ihr Hilfe, gelobt sich ihr an. Es ist wie ein feierliches Sich-miteinander-Verbinden. Es ist, als wenn in diesem Augenblick das weiß-rote Wesen, sein höheres Ich, ihm voll bewußt wird, sich mit ihm innig verbindet.

Durch dieses nächtliche Beisammensein der beiden, wo in Parzival selbst die hohe, reine, unbefleckte Menschheitsseele zum Durchbruch kommt, wird er gestärkt, so daß er am anderen Morgen den Seneschall Kingrun und auch den König Klamide besiegen kann. Kaum ist das geschehen, da langen, scheinbar vom Sturm verschlagen, zwei Schiffe mit Brot und Wein im Hafen von Pelrapeire an. So ist es wirklich im Leben; wenn der Mensch sich selbst, sein eigenes höheres, reines Seelenwesen gefunden hat, dann hat er wieder Speise, dann braucht er nicht mehr zu hungern, dann kann er sich wieder nähren aus Gottes Quellen. Der Hunger ist überwunden. Parzival verbindet sich nun zu dauerndem Ehebunde mit Kondwiramur, der „Führerin zur Liebe“.

Jetzt ist Parzival wieder eine Stufe höher gestiegen. Mit 21 Jahren muß der Mensch das eigenwillige Ich besiegen. Darauf deutet die Besiegung des roten Ither. Bei Gurnemanz erlernte Parzival die äußeren Formen, in denen er als Ritter leben muß. Jetzt, da er Kondwiramur gefunden hat, geht in ihm das höhere göttliche Ich auf, das über allen Formen steht. Es leuchtet in ihm die reine jungfräuliche Menschenseele auf. Nun ist er auch fähig, den letzten Schritt zu tun. Nun ist er befähigt, hinzufinden in das Reich des Gottesgeistes selbst. Nun kann er die Gralsburg betreten.

8. Parzival in der Gralsburg

Nachdem Parzival eine Weile mit Kondwiramur zusammengelebt hat und die Schäden des Krieges ausgeglichen sind, will er sich zu seiner Mutter wenden, um ihr von seinem neuen Glück zu künden. Er weiß noch nicht, daß seine Mutter nicht mehr lebt. Aber jetzt, wo er in seiner Frau eine neue Mutter gefunden hat — Kondwiramur ist ihm Braut und Frau und Mutter und verkörpert zugleich das eigene jungfräuliche Wesen seiner Geistseele —, da steigt aufs neue das Bild der Mutter lebendig in Parzival auf. Das Erlebnis mit der Frau weckt in ihm die Erinnerung an die Mutter. Er will zur Mutter zurück und ihr von der neuen Frau und Mutter künden. Dabei findet er dann zu der großen Geistmutter aller Menschen hin. Er findet den Weg in die göttlich-geistige Welt.

Wieder heißt es in der Sage: Parzival ließ sein Roß nach eigenem Willen traben, und es trug ihn in einem Tage so weit, daß ein Vogel die Strecke kaum durchflogen hätte. Nicht mit dem Verstande findet der Mensch den Weg in die göttliche Geistwelt, sondern er wird von höheren Mächten geführt. Die Schicksalsmächte leiten ihn. Nur Gott selbst kann den Menschen von oben her ergreifen und leiten an einen solchen Ort wie die Gralsburg. Parzival kommt so schnell voran wie ein Vogel. Das ist ein Ausdruck dafür, daß Parzival jetzt in ein Gebiet gerät, das man auf der Erde nicht suchen kann. Der Vogelflug ist ein Sinnbild für den Geistesflug. Er überschreitet die Grenze der irdischen Welt, und das erste, was er findet, ist ein See, wo Fischer ankern, die in der Nähe des Ufers ihre Netze ausgeworfen haben. Der See ist Sinnbild für die Wasser der Geistwelt. In einem Boot am Gestade trifft er einen fürstlich gekleideten Fischer, den er um Herberge bittet. Schon einmal ist das Bild des Fischers aufgetaucht, wo sich auch ein Übergang vollzog, damals, bevor Parzival an den Hof des Königs Artus hinfand. Jetzt handelt es sich um den Übergang in eine höhere Welt.

Die Stufe, welche Parzival hier erreicht, entspricht im Hinblick auf den Lebensweg des Menschen der Lebensmitte, die in das 35. Jahr hineinfällt (2 × 35 ergibt 70, die Vollzahl des normalen Menschenlebens). Das ist die Zeit, wo der Geist, der bis dahin immer tiefer den Körper durchdrungen hat, sich allmählich wieder aus dem Körper zu lösen beginnt. Diese Umkehr ist gleichzeitig eine Einkehr für den Menschen, die ihn in Kontakt bringen kann mit der übersinnlichen Welt. Viele Mystiker haben in diesem Alter ein geistiges Erweckungserlebnis gehabt. Das hat auch Dante mit 35 Jahren, in der Mitte seines Lebens, erfahren dürfen. (Man vgl. dazu R. M. Bucke, *Kosmisches Bewußtsein,* Celle 1925)

Der fürstlich gekleidete Fischer, den Parzival am See trifft, ist Anfortas, der Gralskönig. Tiefes Leid spricht aus seinem ernsten Antlitz. Er trägt einen mit Pfauenfedern geschmückten Hut. Der Pfau mit den bunten Pfauenaugen seiner Schwanzfedern ist ein Symbol für die Entfaltung der übersinnlichen Bildschau, für das Erwachen der Imagination im Menschen (vgl. Basilius Valentinus, *Zwölf Schlüssel*). Wenn also Parzival am See dem Fischer mit den Pfauenfedern am Hute begegnet und in den Umkreis der Gralsburg gelangt, so will das sagen: Parzival wird zu einem geistig Schauenden. In imaginativer Bildschau sieht er jetzt die Gralsburg zuerst von außen. Der Fischerkönig weist ihm den Weg. Von der Gralsburg wird gesagt, daß sie auf dreißig Meilen in der Runde die einzige Wohnstätte sei. Dreißig Meilen in der Runde mißt der Gralswald. Also hat der Kreis, in dessen Mittelpunkt die Gralsburg steht, einen Durchmesser von 60 Meilen. 60 aber ist die Grundzahl des alten Sexagesimalsystems, das heute noch unsere Stundeneinteilung (60 Minuten zu 60 Sekunden) und unsere Kreiseinteilung beherrscht (360 = 6 × 6 × 10 Grad). Sechsmal läßt sich der Radius als Sehne in den Kreis legen. In der Gestalt des regelmäßigen Sechsecks geht die irdisch kantige Welt harmonisch ein in den Zirkel der Ewigkeit. Darum symbolisiert die Sechs die harmonische Verbindung von Gott und Welt.

Auf der Stufe der Imagination, der geistigen Bildschau, folgen die höheren Stufen der Inspiration und Intuition. Sie sollen sich dem Parzival erschließen, wenn er nun das Innere der Gralsburg, des Schlosses der goldenen Sonne, betritt. Doch zeigt es sich bald, daß er diesem hohen Erleben noch nicht gewachsen ist.

Bei einbrechender Dunkelheit wird Parzival in die Gralsburg hineingeführt. Da sieht er zuerst, daß der Burghof ganz mit frischem grünen Gras bewachsen ist. Er wundert sich darüber und denkt: Reiten in diesem Hof keine Ritter? Parzival ist eingetreten in die Geistwelt, aber befindet sich noch in ihrem Vorhof, im Bereich der ätherischen Welt, der Lebens- und Wachstumskräfte. Auf sie deutet das frische grüne Gras hin. Aus dem Burghof, dem Vorhof der Geistwelt, steigt er empor ins Innere, in einen Raum, der auf die Seelenwelt hinweist. Da wird dem Parzival von der Gralsträgerin Repanse de Schoye, „der Spenderin der Freude", ein schöner, aus arabischer Purpurseide bestehender Mantel als Ehrengabe gesandt. Sie selber hat ihn getragen und läßt dem Helden sagen: „Das ist jetzt der Mantel, der für dich paßt." Dabei erinnern wir uns daran, daß Parzival zum roten Ritter wurde, als er die Rüstung des roten Ritters Ither von Gahevies gewann. Das, was im Blute des Menschen als niederes Ich lebt, wurde von Ither verkörpert. Es genügt nun nicht, daß der Mensch dieses niedere Ich überwindet und beherrscht. Sein Blut soll geläutert, seine Triebseele gewandelt werden. Das ist etwas viel Höheres als nur Beherrschung der niederen Ich-Natur. So ist es sinnbildlich zu verstehen, wenn die in überirdischem Schönheitsglanz erstrahlende Gralsträgerin (809, 14) dem Parzival ihren seidenen Purpurmantel schickt. Parzivals Seele soll veredelt werden zur „schönen Seele". Da wird der Gegensatz zwischen Sinnlichkeit und Liebe, zwischen Natur und Geist, zwischen Neigung und Pflicht überwunden und durch göttliche Kraft harmonisiert. So wird der Geist selber im Menschen zur Natur, die Triebseele wird in Geistseele verwandelt. Das ist die erste Stufe der Wandlung des inneren Menschen im ersten Innenraum der Gralsburg.

Der Fischerkönig vom See ist inzwischen heimgekehrt und läßt nun Parzival in den Palas bitten. Nach dem Seelenraum betritt jetzt Parzival den großen Saal der Gralsburg, den eigentlichen Geistes-Raum, wo er den Gral erschauen wird. Hundert Kronleuchter schmücken ihn, hundert Ruhepolster sind hier im Kreise aufgestellt. Vor diesen hundert Ruhepolstern stehen hundert Tische. Auf jedem der hundert Polster lassen sich vier Ritter nieder. Es sind im ganzen vierhundert Gralsritter. Diese Zahlen sind im Sinne der pythagoreischen Zahlenlehre zu deuten. Vier ist die Zahl der Himmelsrichtungen im Raume: Osten, Westen, Norden, Süden. Vier ist zugleich die Zahl der Elemente: Erde, Wasser, Luft und Feuer; gemeint sind damit die vier Dichtigkeitszustände der Materie, der feste, der flüssige, der gasförmige und der strahlungsförmige Zustand des Stoffes. Vier ist weiterhin die Zahl der irdischen Lebensbereiche: Stein-, Pflanzen-, Tier- und Menschenreich. Entsprechend hat der Mensch vier irdische Wesensglieder: den mineralisch-physischen Leib, den pflanzlichen Lebenskräfteorganismus, die tierische Triebseele und das wachbewußte Menschen-Ich. Entwickelt man die Vier magisch, d. h. addiert man die Zahlen 1 + 2 + 3 + 4, so erhält man die Zehn, die darum den Pythagoräern als Zahl der Weltvollendung galt. Erhebt man die Zehn in die zweite Potenz (10^2), so ergibt das Hundert, die Symbolzahl des in die Geistwelt eingegangenen Gesamtkosmos. In der Zahl der vierhundert Gralsritter wird die 100 mit der 4 kombiniert (4 x 100). Damit will Wolfram von Eschenbach ausdrücken, daß durch den Gral Mensch und Welt, der ganze Kosmos mit allen seinen Elementen und Lebensreichen in das Licht der höchsten göttlichen Verklärung emporgehoben wird.

Feierlich brennen im Saal auf drei marmornen Altären drei Feuer, hindeutend auf die Dreifaltigkeit Gottes und die Dreigliederung des Menschen nach Leib, Seele und Geist.

Als der kranke, von Schmerzen geplagte Burgherr, auf einem Ruhebett vor der mittleren Feuerstätte liegend, Parzival begrüßt hat, öffnet sich eine Tür, und ein Knappe tritt herein mit einer blutigen Lanze, die er feierlich durch den Saal trägt, bevor der Gral erscheint. Sie ist ein Sinnbild für die Wunde des kranken Gralskönigs Anfortas, der von dieser Lanze am Hoden getroffen wurde, im weiteren Sinne aber auch Symbol für den Sündenfall der Menschheit, für den Kreuzestod Christi, für alles Elend, unter dem der Mensch dieser Erde zu leiden hat, für das, was die Christuskräfte im Leib des Menschen verletzt und tötet. Zur göttlich speisenden Kraft des Grales dringt in der gefallenen Welt keiner hindurch, der nicht durch Leiden geläutert wurde. Jeder Mensch muß sein Schicksalskreuz tragen und willig auf sich nehmen. Das Leiden ist, wie Meister Ekkehart sagt, „das schnellste Pferd, das uns zur Vollkommenheit trägt“. Wenn wir das Leiden nicht nur passiv über uns ergehen lassen, sondern es willentlich bejahend auf uns nehmen, nicht um des Leidens willen — das wäre krankhaft —, wohl aber um Gottes und des Menschen willen, erst dann kann uns das Licht des heiligen Grals leuchten und das Gottes-Ich in uns geboren werden. Denn es ist wahr und wird bis zum Ende der Welt immer wahr bleiben, daß nichts Großes in dieser Welt geschieht ohne Leiden. Wir tragen den Goldschatz unseres Gottes-Ich in irdisch-menschlichen Gefäßen. Da gelten eben die Worte aus Bachs Matthäus-Passion:

„Ja! Freilich will in uns das Fleisch und Blut
zum Kreuz gezwungen sein;
Je mehr es unserer Seele gut,
Je herber geht es ein.“

In diesem Sinne sagt auch Paulus: „Wir tragen allzeit das Todesleiden Jesu an unserem Leibe, damit auch Jesu Leben an unserem Leibe in Erscheinung trete; beständig sind wir, wenn wir auch leben, dem Tode preisgegeben um Jesu willen, damit auch Jesu Leben offenbar werde an unserer sterblichen Natur. ... Darum verzagen wir nicht, denn mag auch unser äußerer Mensch sich aufreiben, unser innerer Mensch wird von Tag zu Tag neu.“ (2. Kor. 4, 10—11 und 16)

Deshalb wird also die blutende Lanze als Symbolum des Leidens dem Gral vorangetragen.

Zum zweiten Male öffnet sich dann die Tür des großen Saales, und zweimal zwölf Jungfrauen schreiten herein, als letzte, als fünfundzwanzigste, Repanse de Schoye. Die 24 (oder 2 x 12) ist eine Tierkreiszahl. In der Antike teilte man das Jahr in 24 Halbmonate, wie wir noch heute den Tag in 24 Stunden einteilen. Die fünfundzwanzigste Jungfrau aber, die den heiligen Gral trägt, weist hin auf das Zentrum des Tierkreises, auf die Geistessonne. Repanse de Schoye, „die Spenderin der Freude", trägt auf grüner Seide den hellen, sonnenhaft leuchtenden Edelstein, der Sinnbild der sonnenhaft verklärten Erde und des vergöttlichten Menschen ist.

„Auf grüner Achmardiseide trug sie des Paradieses Vollkommenheit, Wurzel war es zugleich und Reis. Da war ein Ding, das hieß der Gral, alles Erdensegens Überschwang." (235, 20—24)

Repanse de Schoye, „die Spenderin der Freude", ist die Schwester des Burgherrn Anfortas und auch die Schwester von Parzivals Mutter Herzeloyde. Sie trägt den Gral auf grüner Achmardiseide. Grün ist im Sonnenspektrum die Mittelfarbe zwischen dem Rot-Gelb- und dem Blau-Violett-Pol. Grün ist aber auch in der astrologischen Symbolik die Farbe des alle irdischen Wachstums- und Lebenskräfte beherrschenden Mondes. So erscheint also hier gleichsam die Sonne des heiligen Grales in der Mondenschale. Da der Mond zugleich Symbol des irdischen Menschen-Ich und die Sonne Bild des Gottes-Ich im Menschen ist, weist der auf grüner Seide getragene sonnenhafte Edelstein darauf hin, daß das irdische, mondenhafte Menschen-Ich zur Schale für das sonnenhafte Gottes-Ich werden soll.

Beachtenswert ist es auch, daß der horizontal liegende Neumond mit dem Aschenlicht des vollen Mondes in Persien als Sonne in der Mondenschale gedeutet wurde. Es ist das heilige Zeichen noch im späten Parsismus der Sassanidenzeit und weist hin auf den persischen Ursprung des heiligen Grales, der in den Sternen geschrieben steht. (Alfred Jeremias, *Allgemeine Religionsgeschichte,* München 1924, S. 124)

In der christlichen Gralstradition ist der Gral die Schale, die Christus als Abendmahlskelch bei der Einsetzung des Sakramentes benutzte und in der Josef von Arimathia bei der Kreuzigung Jesu das aus der Herzwunde strömende Blut und Wasser des Erlösers auffing.

Wolfram bleibt bei dem älteren Bild des Gralessteines, da er den Zusammenhang mit der alchimistischen Symbolik des „Stein der Weisen“ wahren will. Außerdem wissen wir, daß die Katharer vom Manichäismus und vom Buddhismus das Symbol der „mani“ übernommen haben, des leuchtenden, die Welt erhellenden Steines, der die Menschen jedes irdische Verlangen vergessen läßt (Otto Rahn, *Kreuzzug gegen den Gral*, Stuttgart 1964, S. 107). Der heiligste Gebetsspruch des Mahayana-Buddhismus lautet: „Om mani padme hum!“, „Heil dem Kleinod im Lotos!“

Trotzdem aber ist auch bei Wolfram der Gral aufs engste mit dem Mysterium von Golgatha verbunden. Denn der Gralesstein erhält seine den ganzen Kosmos göttlich verklärende Kraft dadurch, daß an jedem Karfreitag sich eine Geisttaube vom Himmel niedersenkt, um die den Leib Christi symbolisierende Hostie auf dem Gralesstein niederzulegen.

„Denn am Karfreitag jedes Jahr
Zeigt sich ein Anblick wunderbar:
Weiß aus blauen Himmelshöhn
Fliegt eine Taube leuchtend schön
Und bringt herab zu diesem Stein
Eine Oblat weiß und fein;
Die legt sie auf dem Steine nieder
Und schwingt sich auf zum Himmel wieder.
Davon ist ihm die Macht gegeben,
Mit paradiesisch reichem Leben
In Speisen und Getränken
Die Seinen zu beschenken.“

(470, 1—14)

So ist das Mysterium des heiligen Grales gebunden an das Mysterium des Karfreitags, das seinen kultischen Ausdruck im Sakrament des Abendmahls fand. Agape, „Liebesmahl“, wurde dieses Sakrament im Urchristentum genannt. Ágape heißt aber auch einfach „Liebe“. Gemeint ist die himmlische Liebe, die allumfassende Gottes- und Menschenliebe. Die Liebe ist die Sonne, das göttliche Zentrum im Menschen. Gottes-Ich, Liebe, Menschen-Ich gehören eng zusammen. Der Gral ist Symbolum der allumfassenden kosmischen Speisung mit dem Gottes-Ich. Das Mysterium der Speisung mit dem Gottes-Ich ist zutiefst identisch mit dem Mysterium der Inkarnation des Gottes-Ich im Menschen und dem Geheimnis von Tod und Auferstehung. Speisung mit dem Gottes-Ich ist Fleischwerdung des Gottesgeistes im Menschen. Die Liebe Gottes, welche sich hinschenkt an Kosmos, Erde und Menschheit hat eine speisende, belebende Kraft. Von ihr leben alle Reiche der Natur und auch wir Menschen. Sie will den Menschen vergotten, Erde und Kosmos aber transsubstantiierend in den Himmel verwandeln.

Im großen Saal der Gralsburg geht es nicht mehr um Wandlung der Triebseele des Menschen. Hier wird eine tiefere Schicht des Menschenwesens von der speisenden, göttlich-geistigen Kraft des Grales ergriffen und verwandelt. Tiefer als unsere Triebseele, die wir mit den Tieren teilen, reichen die pflanzenhaften Wachstums- und Lebenskräfte in unsere leiblichen Hüllen hinunter. Sie lassen unseren Leib wachsen und sind unserem Willen entzogen. Wenn der Mensch sich dem Grale naht, werden diese Lebenskräfte durch das Gottes-Ich geistig gespeist. Im natürlichen Menschen besteht ein Gegensatz zwischen den pflanzlichen Lebens- und Wachstumskräften, die unseren Körper aufbauen, und den Denk- und Bewußtseinskräften, die abbauend und auszehrend auf die Lebenskräfte wirken. Unser Wachbewußtsein wird immer wieder ausgelöscht durch die im Schlafe uns am stärksten durchströmenden Lebens- und Wachstumskräfte. Der bewußtlose Tiefschlaf wirkt lebenaufbauend. Das wache Tagesbewußtsein wirkt lebenzerstörend. Wenn aber die Lebens- und Wachstumskräfte durch das Gottes-Ich vom

Gral geistig gespeist werden, dann wird das dumpfe Leben von Klarheit erhellt und das helle Bewußtsein von Leben erfüllt. Das Leben wird vom Geiste durchlichtet und das Erkennen wird strömend-lebendige Strahlung. Da wird der Erkenntnisbaum wieder geeint mit dem Lebensbaum. So offenbart sich der Gral als „des Paradieses Vollkommenheit". Ströme lebendigen Wassers gehen da vom Menschen aus, und die Lebens- und Wachstumskräfte werden gewandelt in unsterblichen Lebensgeist.

Jedem strömt vom Grale die Nahrung zu, welche er gerade für sich braucht. Nicht nur Brot und Wein werden vom Gral gespendet wie beim christlichen Abendmahl, sondern was jeder Gast sich wünscht an Speise und Trank, das spendet der Gral. Damit wird charakterisiert die allumfassende kosmisch-speisende Kraft des Grals, die Allfähigkeit des Irdischen, Brot und Wein des ewigen Lebens zu werden (Novalis).

Parzival sieht staunend das wunderbare Geschehen an. Aber er wagt keine Frage zu tun, eingedenk der Lehre des alten Gurnemanz. Er versteht den Zusammenhang alles dessen, was er da sieht, innerlich nicht. Es geht wie ein Traum, den er sich nicht zu deuten weiß, an ihm vorüber. Auch kein Wort des Mitleids mit dem kranken Burgherrn kommt über seine Lippen. Als am Schluß des Mahles der kranke Gralskönig Anfortas dem Parzival das Gralsschwert mit dem Griff aus Rubin reichen läßt, versteht er auch die Bedeutung dieses Schwertes nicht. Zuerst empfing er den purpurseidenen Mantel, dann sah er den speisenden Gral, zuletzt erhält er das Schwert. Der Mantel wies hin auf die Wandlung der Triebseele in geläuterte Geistseele. Der Gral wirkte belebend auf die ätherischen Wachstumskräfte, wandelte sie um in göttlichen Lebensgeist. Das Schwert, mit dem man kämpfend die Mächte der Finsternis besiegen kann, symbolisiert die dem Körper am tiefsten verbundene Willens- und Tatkraft sowie die Durchgeistigung auch des physischen Leibes.

Wolfram von Eschenbach beklagt sehr das dauernde Schweigen Parzivals:

„Weh, daß er da nicht wollte fragen!
Das muß ich seinethalb beklagen.
Denn als er da empfing das Schwert,
Sollt es ihn mahnen zu der Frage.
Mich jammert auch der Wirt so wert,
Der nun behielt der Krankheit Plage,
Die nur die Frage von ihm nahm."
(240, 3—9)

Als dann zuletzt der dritte Raum der Gralsburg sich öffnet, schaut Parzival auf einem Ruhebett den schönsten aller Greise, den er je gesehen hat. Weiß wie Schnee ist sein Haar und friedestrahlend sein Antlitz. Parzival erfährt nicht, wer dieser wunderbare Greis ist. Erst später sagt uns Wolfram, daß jener alte Mann Titurel ist, der die Gralsburg und den Gralstempel erbaute, in den der Gral sich aus den Händen der Engel herabsenkte. Nur durch die Kraft des Grales wird Titurel am Leben erhalten.

Dieser Raum, der letzte und dritte, in den Parzival Einblick gewinnt, weist darauf hin, daß die göttliche Kraft nicht nur die Seele wandelt und verklärt, nicht nur Geistnahrung den Lebens- und Wachstumskräften spendet, sondern auch den physischen Leib dem Tode entreißen kann. Parzival aber schweigt auch hier wieder und versteht nicht, was er sieht.

Der Gralskönig verabschiedet nun den schweigenden Helden. Der große Saal der Gralsburg leert sich. Parzival legt sich müde zur Ruhe nieder und schläft noch eine Nacht auf der Gralsburg. Schwere Angstträume quälen ihn in der Nacht, und als er am Morgen wach wird, ist er allein. Er steht auf und wappnet sich. Dann heißt es:

„Zu reiten war er nicht gewillt,
Da er noch durch die Zimmer lief
Und suchend nach den Leuten rief.
Niemand zu hören noch zu sehn!
Er läuft zum Hof, umherzuspähn,
Wo er am Abend abgestiegen.

Er sieht das Gras zertreten liegen,
Den Tau von Füßen abgestreift.
Indem ihn heller Zorn ergreift,
Kehrt er zu seinem Roß im Lauf
Und springt mit lautem Schelten auf.
Die Pforte sieht er weit erschlossen;
Dadurch geht breite Spur von Rossen.
Was frommt's, daß er noch weile?
Er spornt sein Roß zur Eile,
Daß unter ihm die Brücke hallt.
Die zückt aus einem Hinterhalt
Ein Knecht empor mit jähem Schall,
Daß fast sein Renner kommt zu Fall.
Er dreht sich um, den Knecht zu fragen. —
Fahrt hin, der Sonne Haß zu tragen!
So scholl zurück der Ruf des Manns,
Was wollt Ihr? Ihr seid eine Gans!
Könnt Ihr nicht auftun Euer Maul?
Wärt Ihr doch nicht so redefaul
Und hättet Ihr den Wirt gefragt!
Nun bleibt Euch hoher Preis versagt. —
Wie das? Erklärung fordert er;
Doch ward ihm keine Antwort mehr.
Der Knappe, ohne umzusehn,
Tut ganz, als schlief er ein im Gehn,
Und wirft die Pforten, daß es knallt."
(247,1 — 248,5)

9. Parzivals Begegnung mit Sigune, Jeschute und Orilus

Parzival hat auf der Gralsburg geistig versagt. Er wird ausgestoßen aus der heiligen Burg. Die Gralsburg entschwindet ihm. Er hätte zum Schwanenritter werden können, wenn er dem Grals-Erlebnis gewachsen gewesen wäre. Nun muß er hören, daß er nur eine Gans ist.

Das erste, was Parzival nach dieser Ausstoßung aus der Gralsburg entgegentritt, das sind Gestalten, die wir von früher her schon kennen: Sigune und Jeschute mit Orilus. Wir sahen früher, daß Jeschute und Orilus die triebhaften Leidenschaften des Menschen repräsentieren und daß Sigune mit dem toten Schionatulander Ausdruck für die ernste Wirklichkeit des Todes ist. Aber die Bilder erscheinen jetzt, da Parzival die Gralsburg verlassen hat, in umgekehrter Folge. Damals begegnete Parzival zuerst Jeschute und dann Sigune. Jetzt begegnet er zuerst Sigune und dann erst Jeschute mit Orilus.

Das ist so zu deuten: Der Tod ist die Folge der ungeordneten Leidenschaften des Menschen. Er kam erst in die Welt durch Adams und Evas Sündenfall. „Der Tod ist“, wie Paulus sagt, „der Sünde Sold.“ In der Johannes-Apokalypse aber ist der Tod der letzte Feind, der überwunden wird, bevor das himmlische Jerusalem auftaucht. Der Tod ist also auf der einen Seite die schlimmste Folge der Sünde, auf der anderen Seite auch das, was die Schwelle zur Geistwelt bildet und zuallerletzt erst vom Menschen überwunden wird. Darum ist hier das Bild der Jeschute und des Orilus dem Bilde der Sigune mit dem toten Schionatulander nachgestellt. Der Tod — soll das heißen — ist der reinen Geistwelt des Grales näher als die Leidenschaft. Sigune erkennt zuerst Parzival gar nicht. Sie ist seit jener ersten Begegnung sichtbar gealtert und hat ganz weiße Haare bekommen. Sie hält den einbalsamierten Leichnam Schionatulanders in ihrem Arm. Es wird spürbar, wie der Tod immer weiter erstarrend auf Sigune wirkt. Sie ist selbst wie eine lebendig Tote.

Als Sigune erkennt, wer da vor ihr steht, und als sie hört, daß Parzival in der Gralsburg gewesen ist, meint sie zunächst, jetzt sei Anfortas erlöst. Sie glaubt vor allem deshalb, daß Parzival Gralskönig sei, weil er das Gralsschwert trägt. Dieses Gralsschwert mit dem Griff aus Rubin ist ja das einzige, was ihm noch von den Gralsgaben geblieben ist. Der Mantel ist verschwunden. Nur das Gralsschwert trägt er noch in Händen. Doch von seiner Bedeutung weiß er nichts. Da spricht ihm nun Sigune vom Sinn dieses Schwertes (253, 24—59). Dieses Schwert, so heißt es, wird beim ersten Schlage halten, beim zweiten Schlag wird es zerspringen, und da muß man mit ihm zum Brunnen von Karnant. Dort kann man es aufs neue zusammenschweißen. Dann kann es niemals mehr zerspringen. Der Brunnen von Karnant ist ein uralter heiliger Brunnen bei Chartres in Nordfrankreich. Karnant oder Karnak ist der alte Name für die Stadt Chartres. Auch in Ägypten gibt es eine heilige Stadt Karnak. Vielleicht besteht sogar ein Zusammenhang zwischen dem ägyptischen Karnak mit seinen Isis-Mysterien und der Druidenstätte Karnak-Chartres. Jedenfalls wurde in Chartres schon in uralter Zeit die himmlische Urmutter des Alls verehrt, die virgo paritura, die Jungfrau, die den Sonnensohn gebären sollte. Man hat dort im Mittelalter eine der schönsten Kathedralen gebaut. Früher war da eine heilige Quelle, die der Weltenmutter geweiht war. Ins Wasser dieser Quelle muß das zersprungene Schwert getaucht werden, damit es wieder heil werden kann.

Dieses Schwert ist ein Sinnbild der Geistesvollgewalt des Menschen. Die Schwertschläge, von denen die Legende spricht, weisen hin auf die drei großen Menschheitszeitalter. Es gab eine alte Urzeit der Menschheit, wo dieses Geistesschwert noch hielt, wo der Geist noch Führer des Menschen war. Dann kam eine spätere Zeit in der Geistesgeschichte, wo dieses Schwert zerbrach, wo der Mensch die Geistesvollgewalt verlor, die Zeit der Spaltung und des Zweifels. Danach wird eine dritte Zeit kommen, wo dieses Geistesschwert wieder heil wird in jenem heiligen Jungfrauenbrunnen zu Karnant. Das wird dann das Zeitalter des Heiligen Geistes sein, wo die Menschheit wieder Zugang findet zum Jungfrauenbrunnen, zur eigenen Jungfräulichkeit in der tiefsten Seele, aus der heraus das Gotteskind geboren wird.

Parzival war der Mensch, der all das in sich erfahren sollte. Aber er bleibt zunächst in der Ich-Spaltung und dem Zweifel verhaftet. Als Sigune erfährt, daß er auf der Gralsburg war, nach gar nichts fragte und nichts zu deuten wußte von dem, was er da als heiligen Wahrtraum erlebte, kennt ihre Verzweiflung keine Grenzen mehr. Da weist sie Parzival mit einem Fluche von sich, und Parzival stürmt verzweifelt in die Finsternis hinaus.

Nun folgt die Begegnung mit Jeschute und ihrem Gemahl Orilus. Da kann Parzival jetzt helfend eingreifen. Er ist sofort bereit, der Jeschute, die von ihrem eifersüchtigen Mann zu Unrecht beschuldigt wird, wieder zum Recht zu verhelfen. Er kämpft mit Orilus, bezwingt ihn im Zweikampf und schwört ihm, daß seine Gemahlin Jeschute völlig unschuldig ist. Er kann den Schwur in der Klause des Einsiedlers Trevrizent noch besonders bekräftigen, indem er seine Hand auf den dort stehenden Reliquienschrein legt. Den neben dem Schrein lehnenden Speer nimmt Parzival in Gedanken versunken an sich. Orilus glaubt ihm nun endlich und erkennt seine Gemahlin wieder als Ehegattin an. Parzival macht damit etwas gut, was er früher verschuldet hat. Obschon Parzival auf der Gralsburg versagt hat und die todüberwindende Kraft, die vom Gral ausging, nicht zu ergreifen vermochte, kann er doch solch eine ethische Hilfe leisten, eine sittlich gute Tat ausführen. In der ersten Sphäre, wo Sigune den Tod verkörpert, kann Parzival nur abgewiesen werden. Wo es um Todüberwindung geht, da hat er hoffnungslos versagt. Aber in der nächsten Sphäre, in der Welt der Leidenschaften, da beweist sich Parzival jetzt als ein Helfer. Wir müssen uns hier daran erinnern, daß Parzival, bevor er zur Gralsburg kam, schon viel geleistet hatte. Indem er der Leidenschaftswelt und der Wirklichkeit des Todes mutig entgegentrat, sich davor nicht fürchtete, gleichsam zwischen Tod und Teufel mitten hindurchritt, indem er den Eigenwillen in sich überwand, indem er weiter durch Gurnemanz eine innere und äußere Erziehung erfuhr und schließlich Kondwiramur, die „Führerin zur Liebe“, gewann, erstarkte in ihm der Geist. Das, was er mit Kondwiramur erlebte, hob ihn in eine innerliche Liebes- und Weisheitssphäre hinein, die ihm unverloren bleibt.

10. Die Tafelrunde des Königs Artus und der Fluch der Gralsbotin

Nachdem Parzival sich von Jeschute und Orilus getrennt und die beiden an den Artushof geschickt hat, wo sie sich der Kunneware zum Dienst anbieten sollen, macht er sich selber auf den Weg zum Artushof. Inzwischen regt sich auch in König Artus der Wunsch, Parzival aufzusuchen. Er ist aus seinem Land nach Süden gezogen, um Parzival zu finden. Als er mit seiner Tafelrunde in die Nähe des Gralsgebietes kommt, wird allen Rittern verboten, noch weiter zu kämpfen, weil man hier in einem heiligen Bezirke ist.

Zu derselben Zeit irrte Parzival in dem menschenleeren Wald umher*), erfüllt von dem heißen Wunsche, die Gralsburg wiederzufinden. Eines Morgens, als er einsam durch den Wald ritt, war frischer Schnee gefallen. Da jagte ein Falke, der König Artus' Rittern entflogen war, eine Schar wilder Gänse vor ihm auf. Eine Wildgans ward von dem Falken im Fluge ergriffen, und aus ihrer Wunde fielen drei Blutstropfen in den weißen Schnee. Als Parzival sah, wie das Blut den Schnee rötete, ward er lebhaft an die rosenfarbenen Wangen seiner geliebten Gattin erinnert. Er gedachte ihrer Tränen beim Abschied, als zwei Tröpflein auf ihren Wangen und eine auf ihrem Munde perlten. „Kondwiramur, hier liegt dein Schein!" rief er aus und starrte in einem fort auf die drei roten Blutstropfen im weißen Schnee. Mit aufgerichtetem Speer hielt er davor wie schlafend zu Roß, und ihm schwand das Bewußtsein. Er merkte es auch gar nicht, als nun die Artusritter nahten und einige mit ihm kämpfen wollten. Es kam jedesmal erst dann zum Kampf, wenn er die Blutstropfen aus den Augen verlor.

Diese Geschichte hat eine besondere geistige Bedeutung. Die Farben Weiß und Rot sind Ausdruck für Weisheit und Liebe, und dieses Beieinander von Weisheit und Liebe macht den Menschen erst zum wahren, zum ganzheitlichen Menschen. Von

*) Wir folgen hier wieder der Nacherzählung von K. Henninger.

Natur aus lebt der Mann besonders im Weisheitsstreben, und von Natur aus lebt die Frau am stärksten im Liebesstreben. Aber erst, wenn beides zusammenkommt, Weisheit und Liebe, wird der Mensch zum ganzheitlich-androgynen Menschen. Parzival wird uns nun geschildert als der Held, der zum vollkommenen Menschen, zum τέλειος ἄνθρωπος, werden soll. Darum wird diese Geschichte von Weiß und Rot so ausführlich erzählt. Parzival hat zwar durch sein Verhalten auf der Gralsburg im höheren Menschlichen versagt, aber was er durch das Erlebnis mit Kondwiramur gewann, das bleibt ihm. Indem die Gestalt der Kondwiramur ihm jetzt wieder geistig nahe kommt, soll ihm weitergeholfen werden. Seine Geistseele will ihm wie mit Engelsflügeln neue Kraft bringen, damit er überhaupt weiterleben kann nach jenem verzweiflungsvollen Versagen auf der Gralsburg.

Jeder von den Rittern, der an ihn herankommt, wird besiegt, auch der Seneschall Keye, der seinen Lohn erhält für das vorlaute und oberflächliche Gerede am Artushofe. Seneschall Keye wird uns geschildert als ein Mensch, der vor allem auf gute äußere Formen sieht. Weil Parzival diese Formen nicht hatte, weil Parzival ungewöhnlich war, hatte er ihn einen Narren gescholten. Keye ist der immer korrekte Mensch. Er weiß, wie man sich zu benehmen hat. Er weiß über alles Bescheid. — In Wirklichkeit weiß er gar nichts. Er hat bei großen Dingen immer danebengegriffen, darum empörte er sich auch so über Parzival, Antanor und Kunneware. Er pflegt alles zu kritisieren, was dem normalen höfischen Maße nicht entspricht. Nichts Außergewöhnliches, Formwidriges läßt er gelten. Er ist das gerade Gegenteil von Parzival, der, rein vom Innern her orientiert, sich großzügig über alle äußeren Formen hinwegsetzt. Parzival bricht darum jetzt im Zweikampf Herrn Keye die Knochen. Damit wird zum Ausdruck gebracht, daß starre und korrekte Formgerechtigkeit vom schöpferischen Menschen durchbrochen wird.

Erst als Gawan erscheint und die drei Blutstropfen im Schnee mit einem seidenen Tuche zudeckt, kommt Parzival wieder richtig zu sich und findet nun die Ritter der Tafelrunde. König Artus nimmt ihn feierlich in die Tafelrunde auf. Alsbald aber naht sich Kundrie, die Gralsbotin, und wirft dem Parzival mit ernsten Worten sein Versagen auf der Gralsburg vor. Schrecklich wird sie geschildert. Es heißt da in Wolframs Gralsdichtung wörtlich:

„Ein Zopf ihr überm Hute hing,
Unmäßig lang, so daß er ging
Bis auf das Tier, schwarz, glanzlos, rauh,
Und weich wie Haare einer Sau.
Die Nase schien erborgt vom Hund,
Zwei Eberzähn' ihr aus dem Mund
Ragten spannenlang herfür.
Die Augenbrauen lagen ihr
Wie Zöpfe auf der Stirne dick.
Kundrie hat Ohren gleich dem Bären,
Nicht reizvoll zärtlichem Begehren,
Ihr Angesicht war rauh genug.
In der Hand sie eine Geißel trug;
Von Seide die Schnüre sind gedreht,
Der Griff nur aus Rubin besteht.
Wie Affenfell sind anzuseh'n
Die Hände dieser holden Frau;
Die Nägel waren wenig blank
Und wie des Löwen Klauen lang. —
Also erzählt es uns die Märe."

(313,17 — 314,9)

„Weh dir, König!" rief Kundrie Artus zu, „deine Tafelrunde ist entehrt! Ein Unwürdiger sitzt in ihrer Mitte!" Dann wendet sie sich zu Parzival. „Fluch sei deinem lichten Schein und deinem herrlichen Wuchs! Ich mag dir scheinen fürchterlich. Doch bin ich lieblicher als du!"

Kundrie ist ein Ausdruck für den Seelenzustand Parzivals. Wenn der Mensch sich geistig anschauen könnte in seinem niederen triebhaften Zustand, er würde aussehen wie eine Bestie.

Wenn dem Menschen die Geistesaugen aufgehen, dann sieht er sich zuerst in einer solchen bestienhaften Gestalt. Das haben viele Heilige uns in ihren Schauungen geschildert. Erst wenn sie geistig fortschreiten, spüren sie, daß durch diese Gestalt eine höhere Lichtgestalt hindurchwirken will. Diese beiden Gestalten, den kleinen und den großen „Hüter der Schwelle", sieht der Mensch nicht, solange er nicht geöffnete Geistesaugen hat. Daß Parzival die Kundrie zu sehen bekommt, ist ein Zeichen dafür, daß er ein Mensch ist, dessen Geistesaugen sich schon geöffnet haben. Er müßte dem Anblick Kundries standhalten, die im Grunde Bild seiner eigenen Triebseele ist. Diesem Erlebnis ist er aber nicht gewachsen. Wäre es anders, so würde er sich durch das Erscheinen Kundries nicht niederschmettern lassen, sondern würde wissen, daß er das, was er nun in seiner Triebnatur wirklich ist, ertragen muß. Aber Parzival zerbricht vollkommen, als Kundrie ihn jetzt verflucht und aus der Tafelrunde des Königs Artus ausweist. Er wird von furchtbarem Entsetzen geschüttelt. Er meint, ihm geschehe Unrecht, und Gott hätte ihn verlassen.

Wenn man mit intellektuellem Maßstabe messen wollte, was hier geschieht, dann versteht man den ganzen Zusammenhang nicht. Parzival hat nicht erfüllt, was er auf der Gralsburg hätte erfüllen sollen. Aber, so könnte man fragen, verdient er darum so schlimmen Fluch? Wenn wir die Zusammenhänge geistig verstehen, so müssen wir mit einem „Ja" antworten. Parzival hat das alles wirklich verdient. Denn wenn einer so hohe geistige Erlebnisse hat, wie Parzival sie hatte, wenn er so sehr von oben her begnadet und auserwählt war wie er, dann muß ihm das, was die göttliche Welt ihm bietet, auch innerlich zum bewußten Erlebnis werden, dann muß in ihm etwas antworten auf diese Gnade von oben, dann muß er dieser Gnade von oben aktiv tätig von unten entgegenkommen — und wenn das nicht der Fall ist, dann ist das geistig ein schweres Versagen, das seine Herzensträgheit offenbar macht.

Parzival verfällt dem Zweifel, ja der Verzweiflung, er lehnt sich auf gegen sein Schicksal und gegen Gott.

„Der Waleis sprach: ‚Weh, was ist Gott!
Er hätte wahrlich solchen Spott
Abgewehrt von unserem Haupt,
Wär' er so mächtig, wie man glaubt.
Ich war im Dienst ihm untertan,
Auf Gnade hoffend, ach, im Wahn!
Nun gilts, den Dienst ihm aufzusagen,
Und hat er Haß, — den will ich tragen!'"
(332, 1—8)

So weicht Parzival in wilder Auflehnung gegen Gott und gegen sein Schicksal aus dem Kreise der Artusritter.

11. Gawan, Obie und Obilot

König Artus ist betrübt darüber, daß Parzival auf diese Weise aus seiner Tafelrunde ausscheidet. Gleich darauf aber verliert er auch noch Gawan. Dieser wird auf rätselhafte Weise beschuldigt, den Vater des Königs Vergulacht ermordet zu haben; er soll sich dem König Vergulacht zum Zweikampf stellen. Obwohl er gänzlich unschuldig ist, will er den König Vergulacht aufsuchen und nimmt die Verbannung aus der Tafelrunde auf sich. Parzival und Gawan sind durch eine tiefe innere Beziehung aneinander gebunden. Gawan war es ja auch, der Parzival aus dem Bann löste, in den er durch das Anschauen der roten Blutstropfen im weißen Schnee geraten war. Damals deckte Gawan mit einem Seidentüchlein die Blutstropfen zu. Weiß und Rot sind die Farben Kondwiramurs. Auch zu Kondwiramur muß Gawan also eine besondere Beziehung haben. Der Fortgang der Geschichte wird uns das alles noch deutlich machen.

Parzival und Gawan verlassen die Tafelrunde des Königs Artus aus ganz verschiedenen Gründen. Parzival war schuldig geworden. Gawan aber war unschuldig verleumdet worden. Während Parzival sich auflehnt gegen das Geschick, das ihn zu Recht trifft, nimmt Gawan willig sein Schicksal auf sich, auch wenn es ihn scheinbar zu Unrecht trifft. Gawan ist ein Mensch, der unschuldig zu leiden bereit ist, während Parzival ein Mensch ist, der in Empörung gegen sein verdientes Schicksal und in Auflehnung gegen Gott aus der Tafelrunde scheidet. So ist Gawan trotz seiner engen Beziehungen zu Parzival doch in vieler Hinsicht ein Gegenpol zu Parzival.

Von jetzt an tritt die Gawangestalt in den Vordergrund der Erzählung, und Parzival entschwindet für eine Weile unseren Blicken. Gawan macht sich auf den Weg zu König Vergulacht. Auf dem Wege dahin kommt er in die Gegend der Feste Bearosch, die von großen Heeren umlagert wird. Er weiß zuerst nicht, ob er sich zu den Heeren gesellen soll, die gegen Bearosch heranziehen, oder ob er sich zur Besatzung der Stadt halten soll. Schließlich entscheidet er sich, nach Bearosch zu reiten. Eben hat er die Stadt erreicht, da schließt sich der Ring der Belagerer um die Stadt.

Allmählich geht ihm auf, in was für einen Kampf er damit geraten ist. Er hört, daß Lippaut, der Fürst von Bearosch, bedroht wird von König Meljanz von Li, der mit großen Heeren gegen Bearosch heranzieht. Meljanz ist aber einst der Pflegesohn des Fürsten Lippaut gewesen. Dieser hat den Jungen nach dem frühen Tode seiner Eltern bei sich aufgenommen und ihn väterlich betreut. Wie kommt es nun zu diesem unglücklichen Kampfe, in dem der Pflegesohn sich gegen seinen Vater empört und ihn kriegerisch aufs schlimmste bedroht? Die Schuld daran trägt Obie, die Tochter des Fürsten Lippaut. Sie schafft eine recht verwirrte Situation. Meljanz hat um Obie geworben, aber Obie hat seine Werbung abgelehnt, obschon sie ihn liebt. Gerade weil sie ihn gern hat, will sie, daß er sich als Ritter und großer Kämpfer auszeichnet. Über die Ablehnung seiner Werbung durch Obie wird Meljanz rasend, und so kommt es zum Krieg.

Gawan wollte sich zuerst nicht in diesen Kampf einmischen. Als aber Obilot, die kleine zehnjährige Schwester der Obie, ihn bittet, den Belagerten zu helfen, ist er sogleich bereit dazu. Obilot ist begeistert für Gawan, Obie dagegen mag ihn nicht leiden, sie hält ihn für einen Händler, versucht ihren Vater gegen Gawan aufzuhetzen und verleumdet ihn. Wie Gawan in der Tafelrunde des Königs Artus beschuldigt wurde, ein Mörder zu sein, so wird ihm jetzt in Bearosch verleumderisch nachgesagt, er sei gar kein Ritter, sondern nur ein Kaufmann. Als es dann aber zum Kampfe kommt, haben die Städter einen gewaltigen Helden gewonnen. Es gelingt dem Gawan, den König Meljanz im Kampfe gefangenzunehmen und in die Feste Bearosch zu bringen. Ohne Gawan wäre der Kampf verloren gewesen. Die Feinde waren mächtig vorgedrungen gegen die Stadt unter Führung eines roten Ritters. Dieser wäre bestimmt in die Stadt eingedrungen, wenn Gawan den Meljanz nicht gefangen hätte. Der rote Ritter schickt seine Gefangenen zum Austausch in die Stadt, damit der König Meljanz freigelassen werde. Gawan schenkt nun Meljanz der kleinen Obilot, auf deren Bitte er in den Kampf zog. Diese aber schenkt den königlichen Gefangenen ihrer Schwester Obie, die den ganzen Kampf angezettelt hat und doch den Meljanz glühend liebt. Sie fällt ihm, ihre Liebe endlich offen bekennend, um den Hals. Damit ist der Krieg zu Ende und alles löst sich in Wohlgefallen auf.

Hinterher hören wir, daß jener rote Ritter, der so mächtig gegen die Stadt vordrang, Parzival gewesen ist. Gawan bricht dann gleich auf, um Parzival zu suchen, findet ihn aber nicht. Parzival taucht also hier als Mitkämpfer bei der Partei auf, die eigentlich im Unrecht ist, er hilft dem Pflegesohn, der sich in wilder Leidenschaft gegen seinen Adoptivvater auflehnt. Gawan dagegen kämpft auf Seiten des Fürsten Lippaut, der zweifellos im Recht ist. Die ganze verworrene Situation aber wurde herbeigeführt durch die leidenschaftlich-zwiespältige Triebbefangenheit der Obie. Warum führt das Schicksal den Parzival als Mitkämpfer zu dem Pflegesohn, der sich gegen seinen Pflegevater empört, und den Gawan zu dem zu Unrecht angegriffenen Pflegevater? Das entspricht durchaus der seelischen Verfassung von Parzival und Gawan. Parzival befindet sich in Auflehnung gegen Gott, darum gerät er nun unter Menschen, die Unrecht tun, die sich in Auflehnung gegen Gott befinden. Gawan dagegen beugt sich seinem Schicksal und lebt in gläubiger Gottverbundenheit. Er nimmt sein unverdientes Leiden auf sich und erweist sich dabei immer als Beschützer des Rechtes.

12. Gawan und Antikonie

Gawan zieht weiter und kommt in das Land Askolon nach Schanpfanzun, der großen Burg des Königs Vergulacht. Dieser reitet gerade auf die Jagd, als Gawan ankommt, und so bleibt er zunächst mit der Schwester des Königs, mit Antikonie, allein. Er versteht sich sehr gut mit ihr, bietet ihr sogar seine Minne an, die aber von Antikonie abgelehnt wird. Doch schließen die beiden eine Art Freundschaft miteinander, und Gawan meint zu spüren: Hier wird es mir wohl gut gehen, hier kann ich meine Unschuld bezeugen. Aber dann mischt sich auf einmal ein bösartiger, altersgrauer Ritter dazwischen, beschimpft den Gawan als Frauenräuber und wirft ihm vor, er wolle Antikonie, die Schwester Vergulachts, entführen. Er hetzt die Bewohner der Burg auf, und es kommt zum Kampf. Gawan flüchtet mit Antikonie in den Burgturm. Als König Vergulacht nach Hause kommt, läßt er sich in den Kampf gegen Gawan mit hereinziehen. Beinahe wäre Gawan dabei ums Leben gekommen. Im letzten Augenblick wird die Situation gerettet durch den Vetter des Königs, Kingrimursel, indem er darauf hinweist, daß Gawan freies Geleit zugesichert wäre und man ihn nicht wie einen Räuber überfallen dürfe. Nachher stellt sich dann heraus, daß Gawan nicht der Mörder vom Vater des Königs ist und auch hier wieder jener bösartige, altersgraue Ritter der Verleumder war. So wird also der schwer verleumdete Gawan zuletzt glänzend gerechtfertigt.

Vergulacht erzählt nun dem Gawan, daß er vor kurzem einen Ritter in roter Rüstung getroffen habe, der ihn im Zweikampf besiegte und dann verpflichtete, entweder für ihn den heiligen Gral zu gewinnen oder sich in Jahresfrist der Königin von Pelrapeire zu stellen und ihr des Ritters Gruß und Minne zu entbieten. Da taucht also genauso wie am Ende der vorigen Geschichte auch hier wieder Parzival auf. Gawan erklärt sich auf Vergulachts Wunsch hin bereit, statt seiner den Gral zu erringen und ihn von dieser Verpflichtung zu lösen. Parzival hat auch hier wieder gegen einen gerechten König gekämpft. Denn Vergulacht selbst hat nicht den Verdacht gehabt, daß Gawan seinen Vater ermordet habe. Er war nur getäuscht von dem bösartigen grauhaarigen Ritter. Auch hier spielt wieder eine Frauengestalt eine entscheidende Rolle. Während in der vorangehenden Geschichte die kleine Obilot, die zehnjährige Schwester der Obie, verehrend an Gawan hing, erweist sich in dieser Geschichte Antikonie, eine reife, edle Jungfrau, als Freundin Gawans. Dieser verläßt nun Schanpfanzun, um weiter nach dem Gral zu suchen.

13. Parzival bei Trevrizent

Jetzt verlieren wir Gawan wieder aus den Augen. Dagegen tritt Parzival erneut in die Mitte der Darstellung. Zu Anfang des 9. Buches seiner Dichtung sagt Wolfram von Parzival: „Nun tut uns die Aventüre kund, daß er manches Land zu Pferde durchritten habe und auf dem Meere zu Schiff gefahren sei." (434, 11 — 13) Dabei ist er auch in den Fernen Osten gekommen. Es sind nun mehr als vier Jahre vergangen, seit Parzival von der Gralsburg ausgestoßen wurde und die Artusrunde verlassen mußte.

Da reitet er eines Tages auf seiner immer noch vergeblichen Suche nach dem Gral einsam durch einen finsteren Wald. Hier kommt er an die Klause einer Einsiedlerin, und bedeutsam sagt Wolfram: „Da wollte Gott sich seiner annehmen" (435, 12). In jener Klausnerin erkennt er Sigune. Er ist also wieder im Walde von Montsalvatsch. Parzival trifft hier Sigune zum dritten Mal. Zum ersten Mal begegnete er ihr bei seiner Ausfahrt ins Leben, als er wegzog von der Mutter. Da sahen wir sie, wie sie eben ihren Bräutigam durch den Tod verloren hatte. Sie hielt den Toten im Arm und war ganz überwältigt vom Schmerz. Das zweite Mal hat Parzival Sigune getroffen, als er die Gralsburg verlassen mußte. Da lebte sie schon als Einsiedlerin dort im Gralsgebiet, und Schionatulander lag einbalsamiert in ihren Armen. Sie selber war damals ganz erstarrt im Schmerz. Es war nicht mehr der wilde Schmerz der ersten Zeit, sondern es war eine Todesstarre, die sie ergriffen hatte. Sie war gleichsam erstarrt im Leid und Schmerz, sah nichts mehr als den Tod, lehnte sich aber auch nicht mehr leidenschaftlich gegen ihr Geschick auf. Damals, bei der zweiten Begegnung, wies sie Parzival kalt und lieblos richtend ab, verfluchte ihn, weil er auf der Gralsburg versagt hatte. Jetzt, zum dritten Mal, finden wir Sigune ganz anders. Sie ist innerlich ruhig geworden. Sie hat sich in ihr Schicksal friedlich hineingefunden. Sie flucht jetzt dem Parzival nicht mehr. Sie gibt ihm willig Auskunft auf seine Fragen. Sie ist wohl traurig, als sie hört, daß Parzival den Gral immer noch nicht wiedergefunden hat. Aber es geht von ihr eine friedvolle Stimmung aus. Wir hören, daß sie für Nahrung gar nicht mehr zu sorgen braucht. Sie wird vom Grale gespeist. Kundrie, die Gralsbotin, erscheint wöchentlich einmal bei ihr und bringt ihr Nahrung. — Das alles ist Ausdruck für die Wandlung, die sie inzwischen durchgemacht hat. Sie hat den inneren Frieden gefunden. Wenn der Gral sie speist, dann muß sie mit dem Gral versöhnt sein.

Daß Parzival sie jetzt wieder trifft, ist ein Zeichen dafür, daß auch in Parzival eine andere Stimmung sich durchgesetzt hat, da Parzival durch die Leidensjahre, die hinter ihm liegen, auch innerlich weitergekommen ist. Sigune taucht in der Dichtung immer dann auf, wenn wir bei einem besonders wichtigen Wendepunkt der Handlung angekommen sind. Sigune kann den Parzival auf die Spur weisen, die zur Gralsburg hinführt. Sie sagt ihm: „Eben ist die Gralsbotin Kundrie hiergewesen. Geh' ihrer Spur nur nach! Dann findest Du den Gral.“ Er versucht das zu tun, doch leider verliert er die Spur bald im kiesigen Flußbett. Parzival ist jetzt auf dem richtigen Weg, aber der

Weg kann von ihm noch nicht eingehalten werden. Auf diesem Wege trifft er mit einem Gralsritter zusammen. Der will ihn hinausweisen aus dem Gralsgebiet und greift ihn an, so daß Parzival mit ihm kämpfen muß. Parzival aber läßt sich nicht abweisen, er will ja zum Gral. Im Kampfe bleibt er Sieger. Der Gralsritter kommt dabei nicht ums Leben, er verliert nur sein Pferd. Parzivals Pferd stürzt in die Schlucht hinab. Das Pferd des Gralsritters wird von Parzival in Besitz genommen. Nun reitet Parzival sogar schon auf einem Pferd, das auf der Satteldecke die Gralstaube trägt. Äußerlich sieht er nun schon aus wie ein Gralsritter, doch innerlich ist er es noch lange nicht. Wohl aber ist das alles ein Zeichen dafür, daß Parzival immer näher an den Gral herankommt.

Am Karfreitag begegnet er nun einem Zug büßender Pilger. Parzival selbst weiß gar nicht, daß Karfreitag ist. Er hat überhaupt keinen Sinn mehr für die verschiedenen Jahreszeiten und Feste des Jahres. Er ist gleichsam herausgefallen aus dem Festeskreis des Jahres, weil er Gott verloren hat. In seinem Bewußtsein steht er immer noch in Auflehnung gegen Gott. Aber ohne daß er es weiß, hat sich in seinen unterbewußten Seelenschichten durch die Schicksalserfahrung dieser vergangenen Jahre etwas wesentlich verändert. Erst von den Pilgern erfährt er, daß Karfreitag ist. Doch er hört noch nicht hin auf die Worte der Pilger. Sie sagen ihm: „Am Karfreitag reitet man doch nicht mit geschlossenem Visier in der Eisenrüstung durch die Landschaft. Da sollen wir des Leidens Christi gedenken."

Die Pilger sind selber auch Ritter, aber sie ziehen ohne Rüstung in Bußkleidung daher. Parzival freilich will von Buße nichts wissen. Die Pilger in der Bußkleidung sind gleichsam ein Bild für den Menschen, der sein niederes Ich überwunden hat, für den Menschen, in dem das höhere Gottes-Ich lebendig geworden ist. Parzival dagegen mit seiner eisernen, geschlossenen Rüstung ist ein Bild für den Menschen, der in seinem niederen, selbstsüchtigen Ich erstarrt und abgeschlossen ist gegen die göttliche Welt. Aber Parzival läßt sich wenigstens von den Pilgern auf den Weg zu Trevrizent, dem frommen Einsiedler im Gralswalde, hinweisen. So findet er nun die Klause des Trevrizent.

Trevrizent bedeutet soviel wie „Baumheiliger". Das Wort ist wahrscheinlich bulgarischen Ursprungs (altbulgarisch drêvo = „Baum" und sent = „heilig"). Diesen Namen trägt der Einsiedler deshalb, weil er ein einsamer Mensch ist, der draußen unter den Bäumen des Waldes seine Klause hat und da ganz in der Stille ein gottgeweihtes Leben führt wie ein indischer Waldeinsiedler (Vanaprastha). Die neumanichäischen Katharer unterhielten enge Beziehungen zur bulgarischen Sekte der Bogomilen. So fügt sich auch die Erzählung von Trevrizent gut ein in die bereits erwähnten neumanichäischen Strömungen in der Provence. Trevrizent ist kein Priester, er ist ein Laie, aber er weiß die Heilige Schrift im geistigen Sinne zu deuten. In einer Höhle wohnt er, und in diese Höhle nimmt er nun Parzival auf. Es ist am Vormittag in der Höhle so dunkel, daß man dort eine Kerze anzünden muß.

Die langen Gespräche zwischen Trevrizent und Parzival werden in dieser Höhle bei Kerzenschein geführt — ein Symbol der geistigen Einkehr und Innenschau. Parzival kennt diese Klause. Er erinnert sich, damals, als er Orilus und Jeschute miteinander versöhnt hatte, tat er in dieser Klause seinen Schwur vor Orilus auf dem Reliquienkasten. Damals hatte er einen Speer mitgenommen, der in dieser Klause stand. Und weil der Speer dort weggekommen war, hat Trevrizent jenen Tag im Psalterbuche eingetragen. Darum kann er nun feststellen, daß Parzival seitdem viereinhalb Jahre und drei Tage umhergeirrt ist.

Diese Zeitbestimmung ist von Wolfram nicht zufällig gewählt. Es ist Karfreitag, als Parzival zum Einsiedler kommt. Man weiß nun, daß der Todestag Christi, der erste Karfreitag, ein 3. April gewesen ist. Am 3. April des Jahres 33 n. Chr. ist Christus gekreuzigt worden. Die drei Tage sind der 1. bis 3. April. Wenn wir von da aus viereinhalb Jahre zurückgehen, kommen wir auf einen 30. September. Am 30. September ist also Parzival in dieser Klause gewesen, und das war der Tag, nachdem er die Gralsburg verlassen hatte. Also war Parzival zum ersten Male auf der Gralsburg am 29. September, an einem Michaelistage. Das will uns Wolfram mit dieser Zeitbestimmung sagen.

Jetzt bekommt damit das Gralsschwert, das er am Michaelistage beim ersten Besuch auf der Gralsburg empfing, auch eine besondere Bedeutung. Das Schwert war das einzige, was er mitgenommen hat von der Gralsburg. Es war also ein Schwert, das er an einem Michaelistage empfing, ein Michaelsschwert. Damit sollte er die Finsternismächte bekämpfen. Darüber sind nun viereinhalb Jahre und drei Tage vergangen. Jetzt kommt Parzival zum zweiten Male in die unmittelbare Nähe der Gralsburg, aber noch nicht auf die Gralsburg selbst. Jetzt, am Karfreitag, setzt die große Umkehr Parzivals ein.

Nun spricht sich Parzival dem Trevrizent gegenüber aus. Da bricht es wieder aus ihm hervor: „Oh, ich trage großen Haß gegen Gott!" In seinem Bewußtsein ist er noch gar nicht verändert. Er haßt Gott seit dem Tage, an dem ihn die Gralsbotin Kundrie verfluchte. Aber der Einsiedler sagt ihm: „Wie kann überhaupt ein Mensch so sprechen! Wie kann ein Mensch sich so auflehnen gegen Gott und gegen sein Schicksal!" Parzival antwortet: „Früher war ich Gott treu. Aber nachdem Gott mich so sichtbarlich im Stich gelassen hat, da kehrte ich ihm den Rücken." Wiederum betont Trevrizent, daß die Untreue nie bei Gott, sondern immer nur beim Menschen gesucht werden kann. „Selbst wenn wir Gott untreu sind, er bleibt treu; denn er kann sich nicht verleugnen" (2. Tim. 2, 13). Wenn der Mensch auch den Zusammenhang seines Schicksals nicht durchschaut, darf er sich doch niemals gegen das Schicksal und gegen Gott auflehnen.

Trevrizent weist weiter darauf hin, wie Gott ja nicht in Erdenferne, im hohen Himmel geblieben ist, sondern wie er sich auf das innigste mit der gefallenen Menschheit verbunden hat. Er erinnert den Parzival daran, daß der Mensch selbst einmal Gottes strahlendes Ebenbild war, daß die ganze Erde einmal Himmelserde, Lichterde war, und dadurch, daß der

Mensch sich von Gott abwandte und Gottes Leben selbstsüchtig für sich verwandte, in den Abgrund stürzte. Gott aber hat die Welt und den Menschen auch dann nicht fallen lassen, sondern Gott hat sich selbst in diesen Abgrund hineinbegeben, indem er Mensch geworden ist. Was Gott im Großen vollzogen hat, vollzieht er bei jedem einzelnen Menschen im Kleinen. Dieses große Mysterium des Sündenfalls und der Erlösung, der Menschwerdung Gottes, stellt Trevrizent dem Parzival vor Augen und weist ihn darauf hin, daß jeder Mensch an diesem Geschehen Anteil hat. Trevrizent hat das alles innerlich geschaut und kann darum so überzeugt davon sprechen. Erst wenn wir die Tiefen unseres Bewußtseins schauend durchdringen, erschließt sich uns dieses Mysterium. Mit dem Verstand oder mit dem bloßen Glauben fassen wir das nicht. Wenn der Mensch diese Zusammenhänge erkennen will, muß er zuallererst einmal in sich selbst alles Dunkel zu überwinden suchen. Er muß sein Schicksal tragen lernen. Dann darf er nicht so frei sein in Rede und Werk, darf nicht freche Reden wider Gott führen, wie Parzival das tut. Er muß sein Schicksal in allem annehmen und bejahen. Dann wird er allmählich etwas von diesen großen Wahrheiten spüren. „Wer mir nachfolgen will, muß sich selbst aufgeben und sein Kreuz auf sich nehmen“, sagt Christus (Matth. 16, 24).

Nun klagt Parzival weiter darüber, daß er den Gral suchen will und ihn nicht finden kann. Er verschweigt zunächst, was er auf der Gralsburg beim ersten Mal erlebt hat. Davon zu sprechen, scheut er sich noch. Das erste, was Trevrizent erwidert, ist: „Der Mensch kann eigentlich den Gral von sich aus gar nicht suchen. Der Gral ist etwas so Hohes, das kann der Mensch von sich aus gar nicht erstreben, dazu muß er von Gott begnadet und berufen werden. Durch bloß menschliches Streben kann man den Gral nie gewinnen. So kann auch der Mensch wohl den Acker bestellen, aber er kann von sich aus die Pflanzen nicht wachsen lassen, da müssen Sonne und Regen, Gottes Segen dazukommen, wachsen lassen muß Gott die Saat. So ist es auch mit dem Gral.“ Das will Parzival noch nicht in den Sinn. Er meint: „So wie ich kämpfen kann und Ruhm gewinnen, so kann ich auch den Gral gewinnen!“ Trevrizent aber erwidert:

„Euer Herz sehnt nach dem Grale sich?
Ihr Tor, da muß ich Euch beklagen!
Denn niemand kann den Gral erjagen,
Den man nicht schon im Himmel kennt
Und zu dem Gral berufen nennt.“
(468, 10 — 14)

Diese Worte Trevrizents entsprechen dem, was Sigune schon bei der zweiten Begegnung dem Parzival gesagt hat:

„Nur eine Burg ragt ganz allein,
Des Erdenwunsches höchster Preis.
Wer sie mit Vorbedacht und Fleiß
Will suchen, findet sie leider nie,
Und dennoch werben viel um sie,
Nur unbewußt kann es geschehn,
Daß einer darf die Burg ersehn.“
(250, 24 — 30)

Trevrizent selbst gehört dem Gralsgeschlecht an. Er ist der Bruder des Königs Anfortas und der Onkel des Parzival. Als Eingeweihter des Grales ist er mit geistiger Gnosis begnadet. Was der Gral eigentlich bedeutet, das hat Parzival auf der Gralsburg noch nicht verstanden. Da ist alles wie ein Traum an ihm vorübergezogen, den er nicht deuten konnte. So spricht denn nun der Einsiedler zu Parzival von der Bedeutung des Grales: „Er ist der lapis elixir, das heißt soviel wie der Stein des Lebenselixiers, der unsterbliches Leben vermittelt.“ (469, 7)*) Diese Bezeichnung war im Mittelalter für den Stein der Weisen gebräuchlich. Von diesem Stein heißt es, daß er jeden Stoff durchlichten, daß er Blei in Gold wandeln, daß er jede Krank-

*) Man vgl. dazu Franz Rolf Schröder, *Die Parzivalfrage*, München 1928, S. 49.

heit heilen, daß er sogar den Tod überwinden könne. So wie der Phönix aus der Asche wieder neu ersteht, wenn er sich selbst verbrennt, so überwindet auch der Gral den Tod. Diese todüberwindende Kraft bekommt der Stein durch eine Hostie, die eine Geisttaube an jedem Karfreitag vom Himmel herabbringt. Damit wird der Gral zum Sinnbild des auferstandenen, todüberwindenden Christus selber. Wer den Gral einmal geschaut hat, der stirbt eine ganze Woche lang nicht, und wer ihn jede Woche einmal anschaut, der stirbt überhaupt nicht.

Schließlich hören wir, der Gral spendet auch jede andere Nahrung, alle Früchte der Erde, und alles, was im Wasser und in der Luft lebt. Der Gral ist Sinnbild für die Lebensreiche der Natur, aber nicht in ihrem natürlichen Sein, sondern in ihrer durch Christus ins Übernatürliche erhobenen, todüberwindenden Wesensart. Der Gral ist Sinnbild für das himmlische Jerusalem, den in Gott verklärten Kosmos und für den todfreien, todüberlegenen Menschen. Schon beim ersten Besuch Parzivals auf der Gralsburg vernahmen wir, daß der Gral angesprochen wurde als „des Paradieses Vollkommenheit. Wurzel war es zugleich und Reis. Das war ein Ding, das hieß der Gral, alles Erdensegens Überschwang!“ (235, 21 — 24). Das ist die vollendete, wieder paradiesisch gewordene Erde. Nicht nur das Paradies am Anfang ist der Gral, sondern auch die Erde in ihrer Vollendung, das himmlische Jerusalem, der Überschwang alles Erdenseins.

Am Gral erscheint manchmal eine Inschrift, die den Namen desjenigen nennt, der zum Gral berufen ist. Nur der, dessen Name in der geistigen Welt geschrieben steht, dessen Name in den Himmeln geschrieben steht, wie Christus im Evangelium (Luk. 10, 20) sagt, kann den Gral finden.

Der Gral ist ursprünglich ein Stein in der Krone Luzifers gewesen. Luzifer war der höchste und schönste aller Engel, der der Gottheit am allernächsten stand. Aber Luzifer war dann hochmütig wegen seiner Schönheit und verschloß sich gegen Gott. Dadurch stürzte er in die Tiefe. Im Sturz fiel dieser Stein aus seiner Krone und wurde aufgefangen von den Engeln. Dieser

Stein verkörpert noch etwas von der allerhöchsten göttlichen Schönheit Luzifers. Engel haben diesen Stein auf die Erde gebracht. In einer anderen Gestaltung der Sage heißt es, dieser Stein sei ausgehöhlt worden zu einer Schale und diese Schale habe Christus beim letzten Abendmahle gebraucht, um den Wein, den er in sein Blut verwandelte, aufzunehmen. Diese gleiche Schale soll dann Josef von Arimathia benützt haben, um das Blut, das bei der Kreuzigung aus der Seitenwunde Christi floß, aufzufangen. Bei Wolfram von Eschenbach ist der Gral gemäß der älteren astrologisch-alchimistischen Tradition ein Stein: Aber dieser Stein bekommt durch die Hostie, die sich jeden Karfreitag auf ihn niedersenkt, den gleichen Sinn wie die Schale.

Abschließend betont Trevrizent noch einmal, daß Parzival zuerst Demut lernen müsse. „Voll Demut müßt ihr bescheiden die Hochfahrt dort vor allem meiden. Hochfahrt kommt immer noch zu Fall!"

Von Trevrizent hört Parzival nun auch, daß seine Mutter tot ist. Sie ist aus Schmerz darüber gestorben, daß Parzival sie verlassen hat. Das wird ihm jetzt als Schuld bewußt. Zwar war es ein Unrecht, daß die Mutter den Jungen an sich zu fesseln und in der Waldeinsamkeit festzuhalten suchte. Es war notwendig und recht, daß Parzival sich von der Mutter löste. Aber trotzdem machte er sich schuldig am Tode der Mutter, indem er so plötzlich von der Mutter wegging.

Als Parzival dem Einsiedler erzählt, daß er den roten Ither erschlagen hat, hört er zu seinem großen Erstaunen von Trevrizent, daß Ither Parzivals eigener Vetter war und daß er auch damit eine Schuld auf sich geladen hat, von der er bisher nichts wußte. Zwar war Ither ein Empörer, der sich auflehnte gegen die Tafelrunde des Königs Artus und die naturgesetzliche Ordnung nicht anerkennen wollte. Sein Land wollte er sich von Artus ertrotzen. Die Gestalt war in der Sage Symbol für den selbstsüchtigen Eigenwillen des Menschen. Indem Parzival den roten Ither besiegte, wollte Wolfram damit darauf hinweisen, daß der Mensch es lernen muß, den Eigenwillen zu bändigen und sich selber zu beherrschen. Bei solcher Selbstbeherrschung muß man freilich vieles in sich unterdrücken. Aus dem, was wir so unterdrücken, entsteht oft neues Unheil für uns. Höher als alle Selbstbeherrschung steht die innere geistige Wesenswandlung, durch die alles Unterdrückte und Verdrängte ins Licht gehoben und gewandelt wird. Das fängt Parzival nun an zu verstehen. Es wird ihm klar, daß sein Erobe-rungswille etwas war, was ihn immer wieder schuldig werden ließ. So kann der Mensch etwas tun, was im Augenblick für ihn notwendig ist, und kann trotzdem damit eine Schuld auf sich laden, die später gebüßt und gewandelt werden muß.

Trevrizent erzählt dem Parzival weiter von Frimutel und Titurel. Titurel war der erste, der aus der Hand der Engel den Gralesstein empfangen hat. Ihn hatte Parzival als den schönsten aller Greise im dritten Raum der Gralsburg gesehen. Frimutel war der Vater des Anfortas und Trevrizent. Er hatte vor seinem Tode den Anfortas zum Gralskönig bestimmt. Anfortas lud eine schwere Schuld auf sich. Der Gralskönig darf nicht beliebig eine Frau wählen. Er darf nur die Frau minnen, die ihm der Gral bestimmt. Anfortas aber hatte eine andere Frau gewählt, eben jene Orgeluse, von der später in der Gawan-Geschichte ausführlich erzählt wird. Indem er das tat, versündigte er sich. Er besiegte wohl viele Helden. Aber schließlich trat ihm ein Heide entgegen, der aus dem Land Ethnise stammte, wo der Tigris aus dem Paradiese strömt. Dieser Heide verwundete den Anfortas mit einem vergifteten Speer am Hoden. Das war die Rache des Schicksals für die falsche Frauenwahl des Anfortas. Dieser Heide verkörpert die bösen Mächte, denen auch jene Orgeluse verbunden war, die Anfortas sich gewählt hatte. Darum heilte die Wunde des Gralskönigs nicht mehr. Was man auch tat, um diese Wunde zu heilen — nichts half. Um die Schuld seines Bruders zu sühnen, wurde Trevrizent zum Eremiten (478, 1 — 780,24).

Anfortas begeht gleichsam den Sündenfall von neuem und trägt nun die Wunde an seinem Leibe, die sich nicht mehr schließen will. Alle Menschen teilen das Schicksal des Anfortas. Es wird auch berichtet, wie der Schmerz Anfortas' zu verschiedenen Zeiten verschieden stark ist, wie der Schmerz abhängig ist vom Stande der Gestirne. Wenn der Planet Saturn hoch am Himmel steht, dann schmerzt die Wunde besonders heftig. Wenn die Planeten im Gegenschein zur Sonne sind, ist es ähnlich. Manchmal bildet sich Hitze und manchmal wieder Eiter in der Wunde und kaltes Eis. Und dann muß der giftige Speer, den Parzival auf der Gralsburg sah, in die Wunde hineingehalten werden, um die Kälte zu überwinden. Indem hier geschildert wird, wie die Wunde im Zusammenhang steht mit den Gestirnen, soll zum Ausdruck gebracht werden, daß es eine Wunde ist, mit der der ganze Kosmos verbunden ist (490,3 ff. und 492,23 ff.).

Parzival gesteht nun zuletzt dem Trevrizent, daß er schon auf der Gralsburg gewesen ist, daß er das alles geschaut hat, wovon Trevrizent ihm spricht, daß er es aber nicht verstanden hat. Auch hat er nicht gefragt, es ist in sein Herz nicht eingegangen. Sein Herz war kalt und verständnislos, weil er die innere Reife dafür noch nicht hatte. Da sucht Trevrizent den Parzival über seinen Kummer zu beruhigen, und Parzival hört jetzt auch schon innerlich geöffnet zu. Er ist sich nun seiner Schuld bewußt geworden, nicht nur der Schuld bewußt, die mit dem Tode seiner Mutter und mit dem Totschlag des Ither zusammenhängt, sondern auch der Schuld, die er auf sich geladen hat dadurch, daß er auf der Gralsburg nicht gefragt hat nach dem Sinn des großen Leidens bei Anfortas.

Der Urvater des Gralsgeschlechtes, der alte Titurel, den er im dritten Raum der Gralsburg gesehen hat, erinnert an den göttlichen Vater. Der Gralskönig Anfortas selber erinnert an den Sündenfall Adams und an die leidende Menschheit. Parzival, der jetzt überwinden soll, was als Leiden der Menschheit durch den Sündenfall in die Welt kam, erinnert an Christus, den τέλειος ἄνθρωπος, den vollkommenen Menschen.

Parzival ist jetzt vollkommen frei von seinem Gotteshaß, er ist in sich gegangen, hat seine Schuld erkannt und ist auch willig, seine Schuld und sein Schicksal zu tragen. Darum kann ihn Trevrizent von seinen Sünden lossprechen. Obschon er nur ein Laie ist, spendet er ihm, wie das im Mittelalter noch üblich war in gewissen christlichen Gemeinschaften, das Sakrament der Beichte, erteilt ihm die Lossprechung. Das tut er, indem er sagt: „Gib Deine Sünde, sie sei mein, ich will vor Gott Dein Bürge sein. Du leiste, was ich Dir gesagt und bleib im Willen unverzagt.“ So ist denn Parzival von seiner Schuld befreit. Die große Umkehr und Einkehr ist vollzogen.

14. Gawan und Orgeluse

Vierzehn Tage ist Parzival bei Trevrizent geblieben. Dann zieht er weiter, entschwindet aber nun wieder unseren Blicken, und Gawan tritt erneut in den Vordergrund der Darstellung. Ein Jahr war vergangen, seitdem er von Schanpfanzun fortgeritten war. Den Gral hatte er nicht finden können, und auch von Parzival hatte er seitdem keine neue Kunde mehr vernommen.

Da trifft er eines Morgens in der Nähe der Burg Logrois eine weinendc Frau, die einen schwer verwundeten Ritter im Schoße birgt. Dieses Bild erinnert uns unwillkürlich an Sigune, die ihren toten Geliebten im Schoße trug. Gawan steigt vom Roß und hilft den Verletzten verbinden. Er erfährt, daß dieser Ritter schwer verletzt wurde von Lischois Giwellius, der für die schöne Orgeluse, die Herrin von Logrois, kämpfte. Unweit der stolz emporragenden Burg Logrois findet er Orgeluse. Sie sitzt am Rande eines Brunnens und hat den Schoß voller Blumen, die sie zierlich zum Kranze ordnet. Gawan ist von ihrer Schönheit tief beeindruckt und bietet ihr seine Dienste an. Sie aber weist ihn hochmütig ab. Doch Gawan läßt sich nicht abschrecken. Er will ihr durch Taten beweisen, wie sehr ihre Schönheit ihn in ihre Dienste zwingt.

Der Name Orgeluse deutet auf das Wesen dieser merkwürdigen Frau hin. Denn Orgeluse heißt „die Stolze“. Sie ist eine gefährliche, eine neurotisch belastete, seelisch verhexte Frau.

Gawan ist nun nicht nur von der ungewöhnlichen Schönheit der Orgeluse tief beeindruckt, sondern er spürt auch, daß sie eine unglückselige, eine schwer dämonisierte Frau ist. Später erfahren wir ihre Seelengeschichte. In ihrer Jugend war sie zart und liebevoll, bis Ritter Gramoflanz, dessen Liebe sie verschmähte, ihr den eigenen Geliebten erschlug. Da wollte sie sich an Gramoflanz rächen und suchte durch ihre Schönheit viele Ritter in ihren Dienst zu zwingen, die den Gramoflanz besiegen sollten. So hat sie viele Männer in den Tod getrieben. Gawan weiß das alles zunächst nicht, aber er liebt diese hochmütige und schöne Frau, spürt auch ihre Unerlöstheit und hofft, ihr durch seine Liebe helfen zu können.

Indem er Orgeluse folgt, bemerkt er am Wege ein Heilkraut für Wundenpflege. Das pflückt er, weil er es dem verwundeten Ritter bringen will. Darüber spottet Orgeluse und verhöhnt Gawan als Medizinmann. Doch Gawan berührt das nicht. Er heilt mit dem Kraut den verwundeten Ritter. Zum Dank dafür stiehlt dieser Gawans Pferd und reitet davon. Doch er kommt nicht weit mit dem Pferd. Er trifft von neuem auf Lischois Giwellius, der ihn nun tötet und Gawans Pferd gewinnt.

Als Gawan mit Orgeluse weiterreitet, begegnet ihnen Malkreatur, der Bruder Kundries. An Wuchs und Antlitz, heißt es, gleicht er seiner Schwester Kundrie. Er hat Zähne wie ein Eber, und sein Haar ist borstig und scharf wie die Stacheln eines Igels. Er reitet auf einem mageren Klepper. Malkreatur beschimpft Gawan, weil er der stolzen Herzogin Orgeluse folgt. Gawan aber packt den Wicht bei den Haaren, schleudert ihn aus dem Sattel und nimmt ihm sein armseliges Pferd. Doch sticht er sich an den Igelborsten die Hand blutig, worüber Orgeluse weidlich lacht.

Nach kurzer Zeit kommen Gawan und Orgeluse an einen breiten Strom. Jenseits desselben steht eine herrliche Burg, Schastelmarveil, das von dem Schwarzmagier Klingsor erbaute Zauberschloß. In der Mitte ragt ein Turm empor mit vielen Fenstern. Daraus schauen 400 im Schloß gefangengehaltene

Frauen auf die Aue nieder. Orgeluse läßt sich von einem Fährmann übersetzen in das Gebiet des Zauberschlosses. Gawan schaut ihr traurig nach und fragt bang: „Wollt ihr mich auf immer verlassen?“ Sie aber fordert Gawan auf, mit dem eben heransprengenden Lischois Giwellius, ihrem Ritter, zu kämpfen. „Siegt Ihr, so werdet Ihr mich wiedersehen!“ Nun entspinnt sich ein langer und erbitterter Kampf zwischen den beiden Rittern, in dem zuletzt Gawan Sieger bleibt. Da Lischois Giwellius dem verwundeten Ritter Gawans Pferd genommen hat, erhält jetzt Gawan sein Pferd wieder zurück. Den überwundenen Lischois Giwellius aber schenkt er als Gefangenen dem Fährmann, der ihn dafür über den Strom rudert. Vergebens schaut er sich am anderen Ufer nach Orgeluse um. So bleibt denn Gawan über Nacht bei dem Fährmann, dessen Töchterlein ihn liebevoll bewirtet.

15. Gawan und das Zauberschloß Klingsors

Am anderen Morgen sieht Gawan im strahlenden Sonnenglanze Schastelmarveil vor sich liegen. Nur ungern gibt der Fährmann Auskunft über dieses Zauberschloß. „Wenn Ihr's durchaus wissen wollt, so hört, daß Ihr hier in Klingsors Zauberlande seid. Die Burg dort ist das Zauberschloß. Vierhundert Frauen werden darin durch Zauberkünste gefangengehalten. In der Burg steht ein Wunderbett, das bringt alle in große Not. Noch viele andere Gefahren sind dort zu bestehen. Oft schon haben Ritter versucht, die Frauen zu befreien, aber noch nie ist einer von ihnen lebend zurückgekommen.“

Schastelmarveil ist das polarische Gegenbild der Gralsburg. Wie die Gralsburg eigentlich nicht auf der Erde, sondern in der geistigen Welt zu suchen ist, so auch das Zauberschloß Schastelmarveil. Aber es sind ganz verschiedene Geisteswelten. Die Gralsburg stellt das höchste Lichtreich des Geistes dar, Klingsors Zauberschloß repräsentiert die Welt der dunklen, seelischen Triebkräfte. Schon an der Stelle, wo Gawan sich vom Fährmann über den Strom setzen läßt, betreten wir eigentlich die übersinnliche Welt. Der Fährmann entspricht dem Charon, dem Totenfährmann der griechischen Mythologie. Denn der Fährmann verlangt von den Rittern, die er übersetzt, gewöhnlich die Pferde. Das Pferd ist hier Sinnbild für den Körper. Denn unser Körper ist gleichsam das Reittier, mit dem wir uns über die Erde hinbewegen.

Wenn dem Gawan, bevor er an jenen Strom und zum Fährmann kommt, Malkreatur, der Bruder Kundries, begegnet, so ist auch das ein Hinweis darauf, daß Gawan nun die Grenze zur übersinnlichen Welt überschreitet. Wie Kundrie zur Gralsburg gehört, so gehört Malkreatur zu Klingsors Schloß. Anfortas hat Malkreatur der von ihm geliebten Orgeluse geschenkt. Orgeluses Burg aber liegt ganz in der Nähe von Klingsors Zauberschloß. Kundrie ist ein Spiegelbild der Triebseele des Menschen. Dasselbe gilt auch von ihrem Bruder. Gawan wird mit Malkreatur leicht fertig, während Parzival mit Kundrie nicht fertig wird. Parzival wird von Kundrie verflucht und steht ihr hilflos gegenüber. Gawan bezwingt Malkreatur und nimmt ihm das Pferd. Er hat ein reines Gewissen und braucht die Begegnung mit dem eigenen niederen Ich nicht zu scheuen. Das ist zugleich ein Hinweis darauf, daß Gawan auch die weiteren Abenteuer in der dunklen Astralwelt Klingsors siegreich bestehen wird.

Wolfram erzählt uns später (656, 3 — 658, 30) die ganze Lebensgeschichte Klingsors und sein verderbliches Wirken. Klingsor war Herzog von Kapua und Neapel. Das ist die Gegend um den Vesuv herum. Aus dieser unheimlichen, vulkanischen Landschaft, in der auch die dämonisch besessenen römischen Cäsaren so gerne weilten, stammte Klingsor. Er verführte die Gemahlin des Königs von Sizilien zum Ehebruch, wurde dafür von jenem König kastriert und mußte in Zukunft auf Frauenliebe verzichten. Danach ergab er sich der schwarzen Magie.

„Weil er geschändet an seinem Leib,
Verfolgt sein Hassen Mann und Weib,

Und keinem ist er wohlgeneigt.
Zumal nicht dem, der Sitte zeigt.
Und reißt er ihnen aus der Brust
Die Freude, das ist ihm Herzenslust."

(658, 3 — 8)

Um sich für die ihm angetane Schmach zu rächen, will Klingsor möglichst viele Frauen unglücklich machen. Er weiß sie zu binden und zu fangen in der Welt der dunklen, triebhaften Leidenschaften, wo alles Böse seinen Ursprung nimmt. Klingsor ist „schwarz wie Satans finstere Welt". Die von ihm gefangenen Frauen will nun Gawan befreien, so wie er auch Orgeluse, die in Klingsors Nähe lebt, durch seine Liebe erlösen will.

Vom Fährmann hört Gawan zu seiner Verwunderung, daß dieser tags zuvor einen roten Ritter über den Strom gesetzt hat, der fünf andere Ritter überwand und ihm deren Rosse schenkte. Die fünf Ritter aber hat der „Rote" nach Pelrapeire gesandt. Da taucht also wieder einmal Parzival in der Gawangeschichte auf. Doch zieht er achtlos an Klingsors Zauberschloß vorüber. Er fragt nur nach dem Gral. Wohin Parzival gezogen ist, weiß der Fährmann nicht.

Mit großer Sorge entläßt der Fährmann nun Gawan, als er aufbricht zum Zauberschloß. „Wolle Gott, daß Ihr das Abenteuer besteht; dann ist das ganze Land ringsum Euer Eigentum, und hohen Ruhm werdet Ihr erringen." Gawan erklärt: „Mit Gottes Hilfe will ich's versuchen."

Bald steht er vor dem Schloß. Dem Krämer vor dem Tor überläßt er, wie der Fährmann ihm geraten, sein Roß zur Pflege und geht dann mutig durch das weit offene Tor ins Innere des Schlosses. Niemand wehrt ihm den Eintritt. Im Burghof ist niemand zu sehen und zu hören. Gawan steigt die Treppe hinan und durchschreitet viele Gänge, Zimmer und Säle, ohne eine Menschenseele zu treffen. Endlich kommt er in einen hochgewölbten Säulensaal und gewahrt in einem Nebenzimmer dann das Wunderbett, von dem der Fährmann ihm schon gesprochen hat. Es rollt auf dem spiegelglatten Estrich herum und weicht immer vor ihm aus, wenn er sich ihm nähern will. Als es wieder einmal in seine Nähe kommt, springt er gewandt mit Schild und Schwert mitten in das Bett hinein. Nun geht eine rasende Fahrt los. Mit Windeseile und Donnergetöse saust das Bett von Wand zu Wand, daß die ganze Burg erdröhnt. Gawan deckt sich mit dem Schilde zu und befiehlt sich in Gottes Schutz. Durch seine innere Ruhe und sein Gottvertrauen bringt er endlich das unruhige Bett zum Stehen. Das Bett, in das Gawan sich legt, ist Bild des Körpers, und diese erste schwere Probe weist darauf hin, wie der Mensch durch innere Sammlung, Ruhe und Gottvertrauen seinen Körper beherrschen, den Glieder- und Willensmenschen in sich läutern und zugleich das physische Erdelement, dem der Körper angehört, reinigen und entzaubern kann.

Die zweite Gefahr bedroht Gawan aus der Luft. Fünfhundert unsichtbare Wurfschleudern überschütten ihn mit ihren Geschossen, dazu noch fünfhundert Pfeile aus unsichtbaren Armbrüsten. So soll auch das Luftelement, der Atem, die Seele in ihm und im Kosmos geläutert und entzaubert werden. Trotz des guten Schildes trägt der Held manche Wunde davon.

Der in Fischhaut gehüllte Riese, der danach Gawan entgegentritt, weist hin auf das Wasserelement, den Säftekreislauf, die ätherischen Wachstumskräfte in Mensch und Kosmos, während der zuletzt noch erscheinende Löwe das Feuerelement, das Geistfeuer in Mensch und Kosmos repräsentiert. So müssen auch Wasser und Feuer geläutert und entzaubert werden.

Denn wie auf der Gralsburg die vier Elementarreiche, Erde, Wasser, Luft und Feuer, und ihre Entsprechungen im Menschen vom göttlichen Geiste durchstrahlt werden, so sind sie im Klingsorschloß durch dunkel-dämonische Triebhaftigkeit vergiftet und verhext. Wie auf der Gralsburg 400 Gralsritter als Hüter des Grals leben, so sind hier 400 dämonisierte Frauenseelen gefangen. Nachdem Gawan diese 4 Elementarproben bestanden und damit die verzauberte Astralsphäre gereinigt hat, sind die 400 Frauen erlöst und das entzauberte Schloß sowie das umliegende Land gehören nun Gawan. Die erlösten Frauen, darunter auch Arnive, die Mutter des Königs Artus und Großmutter Gawans, danken ihm für ihre Befreiung und reichen ihm heilende Salben für seine Wunden und einen stärkenden Schlaftrunk.

Am nächsten Morgen sieht er sich im Wunderschloß näher um. Eine Wendeltreppe führt in einen hohen Turm hinauf, und in der Mitte des Turmgemaches steht eine leuchtende, steinerne Säule. Klingsor hat sie aus Indien, dem Lande von Parzivals Bruder Feirefis, hierherbringen lassen. Die Fenster des Rundbaus schmücken acht verschiedene Edelsteine. Diese Säule ist ein Gegenstück zum Gral, ein Zauberspiegel, in dem alles zu sehen ist, was im Umkreis von 6 Meilen geschieht. An den Gral kommt man nur heran, wenn man den Bannwald von 60 Meilen durchritten hat. Der Gral ist Symbolum der Sonnen-Erde, des in Gott verklärten Kosmos, des vergöttlichten, ganz durchchristeten und geistig gesammelten Menschen. Die Säule dagegen weist nicht auf das Innere, sondern auf das Äußere, indem sie den Umkreis spiegelt. Die Klingsorburg ist in allem das direkte Gegenteil der Gralsburg. In die Gralsburg kann man nur sehr schwer hineinkommen. In die Klingsorburg kommt man ungehindert hinein, aber nicht mehr heraus, wenn man erst darinnen ist. Wer die Gralsburg finden will, muß sein eigenes göttliches Ich gefunden haben. Ein Mensch, der in der Klingsorburg gefangen wird, hat keinen eigenen Mittelpunkt, ist den dämonischen Kräften der sinnlichen Welt ausgeliefert. Die Gralsburg verlangt geistige Sammlung. Die Welt des Klingsor fängt den Menschen mit geistiger Zerstreuung und Veräußerlichung.

16. Gawan und Gramoflanz

Gawan hat den Zauber der Klingsorburg gebrochen, aber seine Leidenschaft für Orgeluse ist noch nicht ganz geläutert. So sieht er jetzt in der Säule Orgeluse mit einem Ritter heranreiten. Das treibt ihn zu neuen Abenteuern. Er eilt die Treppe herunter vor das Schloß und bietet Orgeluse erneut seine Dienste an. Den fremden Ritter, der Orgeluse begleitet, bekämpft und besiegt er. Den besiegten Ritter sendet er ins Wunderschloß. Orgeluse ist immer noch unverwandelt. Sie ruft Gawan spottend zu: „Ihr seid wohl stolz auf Eure Heldentaten, daß Ihr dem Wunderbett und dem Löwen entronnen seid? Ihr tätet besser, Euch von den Frauen im Schloß pflegen zu lassen. Oder gelüstet Euch immer noch meiner Minne?“ Als Gawan das bejaht, verlangt sie von ihm, er möge ihr einen Kranz vom Lorbeerbaum des Gramoflanz holen, der ihr einst ihren Geliebten tötete. Gawan ist zu allem bereit.

Da muß er zuerst mit seinem Roß einen gewaltigen Sprung über eine Schlucht machen, durch die ein Bergstrom rauscht. Aber sein Pferd springt zu kurz und stürzt in die Strömung, die es mit sich fortreißt. Da bricht Orgeluse, die das sieht, in Tränen aus. Zum Glück aber gelingt es Gawan trotzdem, das andere Ufer zu erreichen und auch sein Roß mit Hilfe seines Speeres wieder ans Land zu ziehen. Nun befindet er sich in einer anderen, höheren Welt als der Klingsorburg. Hier findet er den Lorbeerbaum und windet sich aus dessen Zweigen einen Kranz, den er sich um den Helm legt. Als er zurückkehren will, tritt ihm König Gramoflanz, der Hüter des Baumes, entgegen. Er ist in Grün gekleidet, mit einer Pfauenfeder geschmückt und trägt auf der Hand einen Sperber. Das alles sind Sonnensymbole. Die Pfauenfeder mit den Regenbogenfarben weist auf die Sonne hin. Der Lorbeer ist ein Sonnenbaum, und der Sperber war schon im alten Ägypten ein Sonnenvogel. Das grüne Gewand des Königs aber erinnert uns an die grüne Seide, auf welcher der Gral getragen wird. König Gramoflanz ist also ein Sonnenheld. Wer Gramoflanz überwindet, stößt vor in das Reich des Geistes. Klingsors Welt war das Reich der menschlichen Triebseele, die Welt der Astralkräfte. Gramoflanz dagegen verkörpert die höhere Sphäre des Geistes.

Gramoflanz will nie mit einem einzelnen Ritter kämpfen, immer müssen es mindestens zwei sein. Nur mit Gawan, dessen Vater den Vater des Gramoflanz erschlagen hat, will er auch alleine kämpfen. Daraufhin gibt sich Gawan ihm zu erkennen und will gleich den Kampf beginnen. Gramoflanz aber sagt: „Bevor ich mit Euch kämpfe, müßt Ihr mir Eure Schwester Itonje, die ich liebe, zur Gemahlin versprechen.“ Gawan erwidert: „Das kann ich nicht; denn meine Schwester ist seit Jahren spurlos verschwunden und niemand weiß, wo sie geblieben ist.“ Zu seiner Verwunderung erfährt er durch Gramoflanz, daß Itonje in Klingsors Zauberschloß gefangen sei. Als Gramoflanz dann von Gawan hört, daß er das Wunderschloß erlöst und die Frauen befreit hat, vereinbaren beide, daß der Zweikampf zwischen ihnen in sechzehn Tagen auf dem grünen Plan von Joflanze ausgetragen werden soll. Auch König Artus und die Tafelrunde soll dazu eingeladen werden. Gawan ist damit einverstanden und kehrt zu Orgeluse zurück, um ihr den Lorbeerkranz zu bringen.

17. Gawan als Erlöser der Frauenseele

Kaum erblickt Orgeluse Gawan mit dem Lorbeerkranze, da sinkt sie vor ihm auf die Knie und sagt: „Ich bin's nicht wert, was Ihr Schweres um meinetwillen bestanden habt. Verzeiht, daß ich Euch so viel Mühsal bereitet habe.“ Jetzt ist sie verwandelt und erlöst von ihren seelischen Komplexen. Sie dankt dem Gawan, der sie von ihrer dunklen Triebbindung befreit hat, mit ihrer echten Liebe. Jetzt ist Orgeluse, die Stolze, zur Demütigen, zur Erlösten geworden. Nun ziehen sie vereint zurück zum Wunderschloß.

Unterwegs erzählt Orgeluse, wie bisher alle Ritter ihrer Schönheit gehuldigt hätten, nur einer sei an ihr vorbeigeritten, ohne ihr seine Minne anzubieten, ein roter Ritter, der fünf ihrer Ritter besiegte und deren Rosse dem Fährmann schenkte. Da habe sie ihm Hand und Land zum Lohne angeboten, um ihn gegen Gramoflanz zu werben. Er aber erwiderte: „Ich habe ein schöneres Weib, das mir lieber ist als alles Erdengut, und ich begehre für mich nichts weiter als den heiligen Gral.“ Damit ritt er davon.

Wie Parzival sich nichts aus Orgeluse machte, so ritt er auch achtlos an Klingsors Zauberschloß vorbei. Er strebt allein nach dem Geist, Gawan ist hier ganz anders gerichtet. Seine Welt ist die Welt der Seele und der Frau. Wir sahen ja, wie im Laufe der Gawanhandlung ganz verschiedene Frauengestalten an Gawan herantraten: Zuerst ein kindliches, zehnjähriges Mädchen, Obilot, mit ihrer Schwester Obie, dann eine erwachsene Jungfrau, Antikonie, zuletzt eine ältere, reife Frau, Orgeluse. Alle diese Frauen sind Bildgestalten für die seelenhaft-einseitige Bindung der Frau, die im Gefühl steckenbleibt. Mit Fortschritt der Handlung gerät Gawan in immer kompliziertere, eigenartig verdrehte, man möchte fast sagen, verhexte Situationen. Obie schon hatte aus ihrer selbstsüchtig-seelischen Bindung heraus sich selbst und ihren Vater in eine recht verwirrte und gefährliche Lage gebracht. Aber mit Orgeluse verglichen, war Obie noch harmlos. Auch die Geschichte bei König Vergulacht war stark verwirrt und dämonisiert. Je weiter die Handlung fortschreitet, um so gefährlicher, komplexgeladener, verhexter wird dabei die seelische Bindung, bis dann zuletzt Gawan in Klingsors Zauberschloß eindringt und die dort gefangenen 400 Frauen erlöst. So wirkt Gawan als Seelenmensch heilvoll und entzaubernd in die seelische Gemütswelt hinein.

Im Wunderschloß werden nun Gawan und Orgeluse freudig empfangen. Jetzt erkennt Gawan auch seine Schwester Itonje und bringt ihr die Nachricht, daß König Gramoflanz ihre Minne begehre. Auch Itonje ist dem König heimlich in Liebe schon zugetan. Gawan sendet Boten zu König Artus und ladet ihn ein, in sechzehn Tagen mit der ganzen Tafelrunde nach Joflanze zu kommen, um dort dem Zweikampf zwischen Gawan und Gramoflanz beizuwohnen. Dann wird die Hochzeit Gawans mit der schönen Orgeluse in aller Pracht gefeiert.

18. *Wiedersehen in Joflanze, Parzival als Sieger über Gawan und Gramoflanz*

Als zwei Wochen vergangen sind, bricht Gawan mit seiner Gemahlin Orgeluse und seinen Rittern nach Joflanze auf, und dort trifft er mit König Artus und den Rittern der Tafelrunde wieder zusammen. Groß ist die Freude aller über die Rückkehr Gawans zur Tafelrunde. Größer aber noch ist die Freude, als König Artus seine längst verloren geglaubte Mutter Arnive und seine ebenso seit Jahren verschwundene Nichte Itonje in seine Arme schließen darf. Ganz unerwartet soll auch Parzival hier zur Tafelrunde zurückkehren.

Der Tag des Zweikampfes zwischen Gawan und Gramoflanz ist nun gekommen. Aber noch fehlt König Gramoflanz. Gawan wird ungeduldig, daß sein Gegner so lange säumt und reitet am frühen Morgen des Pfingstsonntags vor das Lager hinaus auf den weiten Wiesenplan. Dichter Nebel deckt die Fluren. Da gewahrt Gawan die Gestalt eines Ritters, der am Helm ein Reis vom Lorbeerbaum des Gramoflanz trägt. Das kann, wie Gawan meint, kein anderer als Gramoflanz sein. So fordert er ihn denn gleich zum Zweikampf auf. Beim Lanzentreffen werfen beide Ritter einander aus dem Sattel. Nun entbrennt ein heftiger Schwertkampf. Allmählich aber ermatten Gawans Kräfte unter den übermächtigen Schlägen seines Gegners. Gawan blutet bereits aus mehreren Wunden und muß den Kampf verlieren. Glücklicherweise überqueren da die Boten, welche man zu Gramoflanz gesandt hat, den Wiesenplan und rufen, als sie den besiegten Gawan erblicken, jammernd seinen Namen aus. Da wirft der siegreiche Held — es ist niemand anders als Parzival — sein Schwert weg und sagt klagend:

„Unselig bin ich und entehrt!
Im Stiche ließ mich Gottes Segen,
Als meine fluchbeladene Hand
Mit diesem hier den Streit bestand.
Das war zuviel der Schand und Schmach,
Was ich hier schulderfüllt verbracht!

Mein Unheilsstern stieg neu empor
Und all mein Heil ich neu verlor.
Mein altes Wappen zeigt sich wieder
Und stürzt mich heut wie immer nieder,
Weil mit Gawan, dem werten Mann,
Ich solchen Kampf allhier begann!
Hier hab ich selber mich bezwungen."
(688, 23 — 689, 5)

Und Gawan antwortet ihm:

„Uns beide zwangest du im Streit,
Das sei dir um uns beide leid.
Dich selber hast du hier besiegt,
Falls Treu' dir noch am Herzen liegt."
(689, 29 — 690, 1)

Als Gramoflanz hört, daß Gawan irrtümlich statt mit ihm mit Parzival gestritten hat, verschiebt er den Zweikampf mit ihm auf den Pfingstmontag. Artus aber nimmt noch am Pfingstsonntag Parzival feierlich wieder in seine Tafelrunde auf.

Merkwürdigerweise kommt es noch zu einer weiteren Verwechslung. Am frühen Morgen des Pfingstmontag reitet Parzival auf den Wiesenplan vor dem Lager hinaus. Da hält bereits König Gramoflanz und glaubt nun, Gawan käme ihm entgegen. Die beiden Ritter dringen heftig aufeinander ein. Wieder bleibt in diesem Zweikampf Parzival Sieger. Als dann Gawan erscheint und sieht, wie Gramoflanz im Kampf mit Parzival unterliegt, ruft er ihm zu: „Herr Gramoflanz, heute tu ich, wie Ihr gestern mir getan habt! Ruht Euch aus, und stellt Euch morgen mir zum Streite!" Gramoflanz willigt gerne ein, und alle kehren ins Lager zurück.

Der für den nächsten Tag geplante Zweikampf aber zwischen Gramoflanz und Gawan wird durch Itonje verhindert. Sie will weder ihren Bruder Gawan noch ihren Geliebten Gramoflanz durch den Tod im Kampf verlieren. Sie läßt nicht nach mit Bitten, bis sich beide versöhnen. Auch Orgeluse läßt ihren Groll gegen Gramoflanz fahren. So kommt eine allgemeine Aussöhnung zustande. Was aber will uns Wolfram von Eschenbach mit diesen merkwürdigen Zweikämpfen sagen?

19. Sinndeutung der Zweikämpfe.
Der Seelenweg Gawans und der Geistespfad Parzivals

Gawan konnte zwar das Reis vom Lorbeerbaume des Gramoflanz gewinnen, aber nie hätte er Gramoflanz besiegen können. Denn Gawan verkörpert das Seelen- und Gemütswesen des Menschen, während Gramoflanz der höheren Sphäre des Geistes angehört. In Gramoflanz lebt noch ein Nachklang paradiesischer Geistigkeit. Er hütet gleichsam den Lebensbaum des Paradieses, den Lorbeerbaum im Sonnenhain, die Geistigkeit der vorchristlichen Welt. Darum kann ihn Gawan, der Vertreter des menschlichen Seelenlebens, nicht besiegen. Wohl aber besiegt Parzival den Gramoflanz im Zweikampfe. Denn Parzival schöpft bereits aus „der Gnade und der Wahrheit, die durch Jesus Christus entstanden ist" (Joh. 1, 17), aus dem Geisteschristentum des τέλειος ἄνθρωπος, der zukünftigen Weihevollendung des Menschen.

Das Höchste, was Gawan erreicht, ist die Entzauberung der Klingsorburg und die Erlösung Orgeluses. Orgeluse ist jene Frau, die einst der Gralskönig Anfortas verbotenerweise geliebt hat und für die er auf Abenteuer ausgezogen ist. Im Dienste der Orgeluse stand Anfortas, als der Heide ihm jene Wunde beibrachte, die nicht mehr heilte. Insofern ist die Welt des Klingsor schuld daran, daß der Gralskönig krank wurde. Wenn Gawan die Orgeluse erlöst und den Klingsor überwindet, dann ist damit die Grundlage dazu geschaffen, daß der Gralskönig wieder gesunden kann. Ohne die Taten Gawans wäre Parzival nie zur Gralsburg gekommen. Vorbedingung für die Erreichung des Grales ist, daß die Seele des Menschen vom Zauber der niederen Mächte frei wird. Gawan wird zum Erlöser der Seelenwelt. Er wird auch, wie die Heilung des verwundeten Ritters bei Orgeluses Burg zeigt, zum Heiler der Krankheit. Denn Krankheiten haben ihre Wurzel im Seelisch-Triebhaften, im Astralen, und diese Welt wird durch Gawan geläutert und durchlichtet. Aber Gawan wird nicht zum Überwinder des Todes. Todüberwindung bis ins Physisch-Leibliche hinein schenkt nur der Gral.

Gawan ist immer ein gläubiger und tapferer Held gewesen. Er ist nie in eine besondere Schuld geraten, hat nie den Glauben an Gott verloren. Parzival dagegen hat schwere Schuld auf sich geladen, ist durch die Not der Gottverlassenheit, des Zweifels und der Auflehnung gegen das Schicksal hindurchgegangen. Dann aber gewinnt er bei Trevrizent durch Einkehr und Umkehr einen lebendigen Glauben, der durch keinen Zweifel mehr erschüttert werden kann. Die Gawangeschichten sollen uns zeigen, wie die Herzensseherkraft des Glaubens, lebendiges Gottvertrauen und unerschütterliche Schicksalstragekraft läuternd und entzaubernd hineinwirken in die Welt eines dämonisierten Seelenlebens. Parzival, bei dem alle diese Kräfte nach seinem Versagen auf der Gralsburg erloschen sind, gewinnt sie erst wieder durch die Begegnung mit Trevrizent. Eben deshalb hat Wolfram von Eschenbach diese Trevrizentszene mitten in die Gawangeschichten hineingestellt, zwischen die Erzählung von Antikonie und Orgeluse. Was die Gawangeschichten als Glaubenskraft des Gawan zur Darstellung bringen, das gewinnt Parzival selber wieder in den Gesprächen mit Trevrizent.

Der Kampf zwischen Gawan und Parzival aber soll uns deutlich machen, daß Gawan eigentlich ein Stück von Parzival selber ist. Es geht hier nicht um zwei verschiedene Menschen, sondern um zwei verschiedene Wesensseiten eines Menschen. Parzival sagt ja, als er Gawan erkennt: „Hier hab ich selber mich bezwungen!“ Und Gawan nimmt das auf und antwortet: „Uns beide zwangest du im Streit ... Dich selber hast du hier besiegt, falls Treu’ dir noch am Herzen liegt.“ Gawan verkörpert das Seelen- und Gemütswesen des Menschen, während Parzival das Geistwesen des Menschen darstellt. All das, was Gawan durchmacht, ist ein Bild für die Läuterung des Seelenwesens in Parzival selber. Gawan und Parzival sind Eines: „Du bist ich“, und „Ich bin du“, sprechen sie zueinander. Die Gawangeschichten sind also kein störender Einschub, wie manche Germanisten gemeint haben, sondern schildern uns den Seelenweg des Parzival selber, die Läuterung der Seelenwelt im Menschen, die ihm erst den Zugang zum Gral erschließt.

Wolfram von Eschenbach hat den kindlich-reinen Parzival in seiner Unschuld geschildert. Da ist er der weiße Mensch. Von dem Augenblick an, wo er den roten Ither getötet hat, ist Parzival der rote Ritter. Dann lernt er bald Kondwiramur kennen. Deren Farben sind Weiß und Rot. Parzival ergreift durch die Verbindung mit Kondwiramur die Farben Weiß und Rot. Durch Kondwiramur wird das irdische Rot des Parzival geläutert zu einem Weiß-Rot. Da wird die Seelenläuterung begonnen. Was hier begonnen wird, das setzen die Gawangeschichten fort. Gawan geht durch alle Seelengefahren hindurch. Er entzaubert die Welt der Leidenschaften. Was Kondwiramur als einzelne Gestalt für Parzival ist, das sind die Gawangeschichten für die ganze Dichtung. Parzival selber wird, nachdem er auf der Gralsburg versagt und die Verbindung mit der göttlichen Welt verloren hat, zum schwarz-weißen Ritter. So geht also Parzival durch folgende Stufen hindurch: Weiß, Rot, Weiß-Rot, Schwarz-Weiß. Durch die Seelenläuterung der Gawangeschichten erwirbt der schwarz-weiße Parzival das Weiß-Rot des Gawan hinzu und ist nun der schwarz-weiß-rote Mensch. Diese Wandlung schließt ihm den Zugang zum Gral von neuem auf. Das ist der eigentliche Sinn der Gawangeschichten.

20. Parzival und Feirefis

Den 15. Gesang seiner Dichtung leitet Wolfram von Eschenbach mit einem besonderen Proömium ein. Hier beginnt der im engeren Sinne esoterische Teil des Epos. Die Eingangsverse lauten:

„So manchem war es zum Verdruß
Daß er nicht hörte der Märe Schluß
Und nie das Ende konnt erfahren.
Nun will ich's länger nicht ersparen,
Nun sei gebracht euch rechte Kunde.
Erfahret nun aus meinem Munde
Der Aventiure wahres Ende,
Wie sich Anfortas' Leiden wende
Und wie der Liebe wird gesund."

Dieser Schluß des Epos, der 15. und 16. Gesang, ist später veröffentlicht als die ersten 14 Gesänge. Die letzten beiden Gesänge führen uns in das innere Heiligtum der ganzen Dichtung, das der Menge zunächst verborgen bleiben sollte. Hier wird die Weltsendung des Heiligen Gral offenbar, welche die große Menge der mittelalterlichen Menschheit noch nicht verstehen konnte. Darum wurde von Wolfram diese Schlußsinfonie als esoterisches Geheimnis gehütet. Parzival hat nun den schwersten Kampf seines Lebens zu bestehen, den Kampf mit seinem Bruder Feirefis.

„Ihm, den zum Helden ich erkor,
Steht nun sein schwerster Kampf bevor.
Er siegte wohl zu allen Zeiten;
Doch hieß das nur mit Kindern streiten.
Glaubt, wollt' es nicht die Märe jetzt,
Nie hätt' ich ihn aufs Spiel gesetzt,
Doch seinem Herzen sei sein Leben
Und sein Geschick anheimgegeben,
Dem Herzen, das nie zaghaft schlug,
Das Kühnheit bei der Demut trug,
Das stähl' ihn auch am Leibe,
Daß er am Leben bleibe.
Denn einen Gegner lernt er kennen,
Der alles Streites Fürst zu nennen.
Das war ein Mann vom Heidenland,
Dem nichts von Taufe war bekannt."
(734, 17 — 735, 5)

Eingehend wird die prächtige Rüstung des Feirefis geschildert, und mit Betonung wird hervorgehoben, daß sein Waffenrock über und über mit strahlenden Steinen bedeckt war ebenso wie sein feuerfester, aus Asbest bestehender Schild, in dessen Mitte ein großer Karfunkelstein leuchtete (741, 2 — 14). Es sind zahllose, kostbare Edelsteine, die aus allen Weltgegenden stammen.

„Nie könnt Artus die Steine zahlen,
Die von dem Wappenrocke strahlen."
(735, 16 — 20)

Die Steine sind in Märchen und Sagen gewöhnlich Symbole für die mineralische Welt, auch für den physischen Körper des Menschen, der dem Steinreich angehört. Feirefis wird durch diese Fülle der Steine charakterisiert als Vertreter des Körperlichen und des mit dem Körper eng verbundenen Willenshaften im Wesen des Menschen. So tritt also hier an Parzival, der das Geistige im Menschen repräsentiert, nach dem Kampf mit Gawan, der den Seelenmenschen darstellt, die Notwendigkeit eines Kampfes mit seinem Bruder Feirefis heran, der Ausdruck für den Körper und das Willensleben des Menschen ist.

Unser Willensleben, die dunklen Tiefen unseres körperlichen Lebens, sind bis heute noch naturhaft gebunden, sind nicht vom Geiste durchdrungen, nicht durchchristet, sondern sind noch heidnisch. Wäre der Körper durchgeistigt und christlich verklärt, so hätte er den Tod überwunden. Es gäbe kein Sterben mehr. Das soll in Zukunft einmal erreicht werden. Der Mensch soll nicht nur zum Heiler der Krankheit werden, wie das in der Gawangeschichte dargestellt wird, sondern auch zum Überwinder des Todes. Der Gral schenkt dem Menschen ewiges Leben in einem vergeistigten, physischen Leibe. Der Tod ist, wie Paulus (1. Kor. 15, 26) sagt, der letzte Feind, der überwunden wird. So ist Parzivals Ringen mit Feirefis sein letzter und schwerster Kampf.

Feirefis aber ist nicht allein aus Indien nach Europa gekommen. In einem nahen Hafen ankert seine große Flotte.

„Er hatte fünfundzwanzig Heere,
Die sich einander nicht verstanden:
So weit herrscht er in vielen Landen.
Denn fünfundzwanzig nannt er sein,
Für die er ward zum Herrn erkoren,
Für Sarazenen und für Mohren
Von bunter Haut und fremdem Schein.
In seinem buntgescharten Heer
Sah man die wunderlichste Wehr."

(736, 28 — 737, 6)

Hier müssen wir uns daran erinnern, daß in der Gralsburg 25 Jungfrauen den heiligen Gral begleiten. Die Zahl 25 ist $2 \times 12 + 1$. In der Antike teilte man das Jahr in 24 Halbmonate ein, wie wir den Tag einteilen in 24 Stunden. Zweimal zwölf Halbmonate und das eine Zentrum, die Sonne, ergeben zusammen die Zahl 25. Auch in der Johannesoffenbarung ist der Thron des Menschensohnes, des sonnenhaften Genius der Menschheit, umgeben von 24 Ältesten (Apok. 4, 4). So hat hier Feirefis 24 und 1 Volk. Damit wird Feirefis charakterisiert als Repräsentant der ganzen Menschheit. Denn die Zahl $24 + 1$ deutet auf das ganze Erdenrund. Alle Völker der Erde werden hier von Feirefis herangeführt. Es kommt nicht nur der Bruder des Parzival, sondern die ganze, weite Welt kommt mit.

Wie aber der physische Mensch, der durch Feirefis repräsentiert wird, bis heute nicht geistig verklärt und durchchristet ist, so gilt das gleiche von der Menschheit als Ganzes. Der einzelne Mensch führt gewöhnlich keine Kriege mehr, raubt und mordet nicht mehr. Die Menschheit aber führt Kriege, raubt und mordet. Die Menschheit als Ganzes zu bezwingen, die Menschheit als Ganzes hinzuführen zum Gral, zum Geisteschristentum, das ist das allerschwerste, ebenso schwer wie die Verklärung und volle Durchgeistigung des physischen Körpers. Darum sagt Wolfram: Alles andere, was Parzival bis jetzt geleistet hat, war nur ein Kinderspiel gegenüber dem Kampf mit Feirefis.

Doch damit ist die symbolische Bedeutung der Feirefisgestalt noch nicht erschöpft. Feirefis ist der Sohn Gachmurets und Belakanes, einer Mohrin aus Afrika. Er ist später nach Indien gezogen und hat dort Sekundille geheiratet, die ihn zum Herrscher über Tribalibot (= Indien) machte und ihm das „reine und heilige Tier", das „Ecidemon" schenkte. Darum ist Feirefis hier auch Vertreter der großen Hochreligionen Afrikas und Asiens, speziell Vertreter der hohen Spiritualität Indiens.

Als Sinnbild des indischen Yoga trägt er auf seinem Helm das „Ecidemon". Der Name stammt von dem griechischen Wort ἐχίδνιον, was zu deutsch Schlange heißt. Wir kennen die Schlange aus der Paradiesesgeschichte als böses, verführerisches Tier. Aber auch in der Bibel kommt die Schlange manchmal als heiliges Tier vor, so z. B. in den Mosesgeschichten (4. Mos. 21, 4 — 9), wo die Juden die von Moses am Stabe aufgerichtete Schlange als Heilszeichen verehren. Der Menschensohn muß nach Christi Worten im Nikodemusgespräch (Joh. 3, 14) erhöht werden, wie die Schlange in der Wüste von Moses erhöht wurde. Am Stab des griechischen Gottes Hermes überkreuzen sich zwei aufgerichtete Schlangen. Die Schlange am Stab des Äskulap, des Gottes der Ärzte, ist bis heute das Wahrzeichen unserer Mediziner geblieben. Die aufgerichtete Schlange ist das Gegenbild der auf dem Bauche kriechenden Schlange. Sie ist Sinnbild für die Überwindung des Sündenfalles und aller niederen Triebhaftigkeit. Da die Schlange sich häuten, immer wieder erneuern kann, ist sie auch ein altes Symbol für die geistige Wiedergeburt und Auferstehung. Weil die Vereinigung der Tages- und Jahresbahn der Sonne eine Spirale ergibt, wird die Sonnenbahn schon in der Stein- und Bronzezeit als Sonnenschlange dargestellt. Darum sehen wir bei den ägyptischen Königen auf der Krone neben dem Sonnenzeichen die zwei Uräusschlangen als Sinnbilder des todüberwindenden Sonnengeisteslebens.

In Indien war speziell die aufgerichtete Schlange Sinnbild für den geistig voll erweckten Menschen. Im Menschen schläft, tief verborgen am Ende der Wirbelsäule, so lehrt der indische Kundalini-Yoga, eine zusammengeringelte Schlange, die

Schlange Kundalini. Wenn der Mensch geistig erweckt wird, entrollt sich diese Schlange, steigt in der Wirbelsäule empor bis zum Scheitel und weckt damit alle sieben geistig-ätherischen Zentren im Menschen. In der Dichtung „Der Wartburgkrieg" wird erklärend gesagt, das Ecidemon sei der Engel des Menschen.*) Das Ecidemon, das heilige und reine Tier, verkörpert also des Menschen Daimonion, das höhere, göttliche Menschenwesen. In jenem Kampf, den Parzival mit seinem Bruder führen muß, wird das Ecidemon verwundet. Das ist ein Ausdruck dafür, daß im irdischen Kampfe immer wieder das höhere Menschenwesen verwundet wird und Not leidet.

Von Feirefis wird gesagt: Er kämpft für Indien, für sein Weib Sekundille, für seine Liebe und für seine Götter. Von Parzival heißt es:

„Des Grales Kraft — sie muß ihn stärken,
Der Minne Beistand muß er merken,
Denn beiden war er allezeit
Mit seines Dienstes Kraft bereit.
Der Minne Hilfe bracht ihm dar
Sein Weib durch vieler Länder Weite.
Fast kam die Hilf zu spät zum Streite."
(737, 27 — 30 und 744, 4 — 6)

Bedeutsam wird außerdem hinzugefügt: Parzival vertraut auf Gott. Einst hatte er sich dagegen aufgelehnt, Bedrängnis leiden zu müssen. Das volle Ja-sagen-können zum Schicksal war ihm fremd. Jetzt aber hat er sich gewandelt und das rechte Schicksals- und Gottvertrauen gewonnen. Er setzt in diesem Kampfe, wie immer er ausgehen mag, sein ganzes Vertrauen auf Gott.

„Der Christ vertraut auf seinen Gott,
Seitdem von Trevrizent er schied,
Der ihm so treu und herzlich riet,

*) *Wartburgkrieg*, hg. von Carl Simrock, Verlag Cotta, Stuttgart 1858.

Um Hilfe sich an den zu wenden,
Der Freud in Sorgen könnte spenden."
(741, 26 — 30)

In dem Kampf, den Parzival hier mit seinem Bruder auszufechten hat — die beiden Brüder erkennen sich zunächst nicht, weil sie mit geschlossenen Visieren kämpfen —, kommt der Held in schwerste Bedrängnis. Seine Liebe und sein Gottvertrauen retten ihm das Leben. Aber als Sieger kann der Christ aus diesem Kampfe nicht hervorgehen. Die volle Durchgeistigung des physischen Leibes, die Christianisierung der Menschheit als Ganzes, das sind nicht nur für Wolframs Zeit, sondern auch noch für die heutige Gegenwart hohe, zukünftige Weltenziele. Der Geistigkeit Indiens ist Parzival nicht gewachsen. Sein Schwert zerbirst an dem mit dem Ecidemon geschmückten Helm des Feirefis. Zu beachten ist allerdings: Es ist nicht das Gralsschwert, das hier zerbricht, sondern Ithers Schwert. Hier rächt sich die Schuld, die Parzival mit der Tötung Ithers auf sich geladen hat.

Freilich wird uns berichtet, daß auch das Gralsschwert zunächst der hohen Weisheit des Ostens nicht gewachsen ist. Albrecht von Scharffenberg erzählt, Parzival sei auf seinen Abenteuerfahrten in Rumänien, Kappadozien und Asien gewesen, und bei seinen Kämpfen im Fernen Osten sei das Gralsschwert zersprungen. Im Jungfrauenbrunnen zu Karnant, wie Sigune ihm einst kündete (254,1 ff.), hat er das Schwert wieder heil gemacht. Danach kann das Schwert nie mehr zerbrechen. Mit diesem geistig erneuerten Gralsschwert, dem Symbolum eines zukünftigen Christentums des Heiligen Geistes, hätte Parzival Feirefis besiegen können. Aber dieses neugefestigte Gralsschwert hat er einem der Könige des Ostens geschenkt. Die durch das Gralsschwert symbolisierte Geistigkeit soll in den Osten gebracht werden, damit der Osten sie aufnehme. Umgekehrt muß auch die Geistigkeit des Ostens vom Westen aufgenommen werden. Darum läßt Wolfram Feirefis als Vertreter des Ostens in den Westen kommen.

Mit dem Zerbrechen des Schwertes ist Parzival wehrlos dem Feirefis ausgeliefert. Dieser aber erweist sich als großmütig und schenkt seinem Gegner das Leben. „Nie traf ich einen tapfereren Helden als dich“, sagte er, „wäre dein Schwert nicht zersprungen, so hättest du mich besiegt.“ Er fragt ihn nach seinem Namen. Parzival aber will seinen Namen nicht zuerst nennen, weil er nicht besiegt sei. Als Feirefis daraufhin seinen Namen nennt, will ihm Parzival zunächst nicht glauben. Als Feirefis aber sein Visier öffnet und ihm seine schwarz- und weißgefleckte Haut zeigt, sieht er, daß Feirefis wahr gesprochen hat. Groß ist nun die Freude der Brüder, daß sie sich gefunden haben.

Sie erzählen einander ihre Schicksale. Feirefis ist traurig, daß er seinen Vater Gachmuret nicht mehr am Leben findet. Hier klingt der Anfang der Dichtung wieder auf, die mit Gachmuret, dem Vater von Feirefis und Parzival, begonnen hat. Die Erzählung kehrt so am Ende zum Anfang zurück, wo es hieß, der Mensch sei schwarz und weiß wie der Elstern Farbe. Das bekommt nun im Hinblick auf Feirefis, dessen Haut schwarz und weiß ist, eine erneute Bedeutung: Schwarz und Weiß ist hier die Farbe des natürlichen Menschen. Erst wenn der Mensch zum Gralsritter wird, ist seine Farbe weiß wie bei Parzival, als er Gralskönig geworden ist, und wie bei seinem Sohne Lohengrin, dem weißen Schwanenritter, mit dessen Geschichte das ganze Epos schließt.

Ähnlich wie bei dem Kampf zwischen Gawan und Parzival weist der Dichter auch hier darauf hin, daß Parzival und Feirefis eigentlich ein Mensch sind. Er läßt Feirefis zu Parzival sagen:

„Drum hast du selbst mit dir gestritten,
Ich selbst bin gegen mich geritten
Und hätte gern mich selbst erschlagen;
Du aber wehrtest ohne Zagen,
Dich vor dir selber und vor mir.“

(752, 15—19)

Parzival, Gawan und Feirefis repräsentieren Geist, Seele und Körper des Menschen. Diese drei zusammen machen erst den ganzen Menschen aus. Die Durchgeistigung der Seele, die Durchseelung des Geistes hat Parzival realisieren können. Die Durchgeistigung und Verklärung des Körpers, die Durchchristung der ganzen Menschheit, die Synthese der Geistigkeit des Ostens und Westens, das ist zwar angebahnt durch die Begegnung von Parzival und Feirefis, aber noch nicht vollendet. Das ist auch heute für uns noch Zukunftsaufgabe. Heute ist der Weg frei für eine Erneuerung der Weisheit des heiligen Grales, in der Osten und Westen miteinander versöhnt sind.

21. Parzivals Berufung zum Gral

Vereint ziehen nun Parzival und Feirefis zum Lager des Königs Artus, wo sie freudig bewillkommnet werden. Auch Feirefis wird in den Bund der Tafelrunde aufgenommen. Als sie noch beim fröhlichen Mahle sitzen, erscheint die Gralsbotin Kundrie, um Parzival zu verkünden, daß er zum Gralskönig berufen ist:

„Doch du in Demut freue dich!
Wohl dir des hohen Teiles,
Du Krone Menschenheiles!
Die Wunderschrift erschien am Stein:
Du sollst des Grales König sein.
Kondwiramur soll mit dir ziehn
Und auch dein Sohn Loherangrin.“

(781, 12—19)

Obschon also Parzival die letzte schwere Prüfung, den Kampf mit seinem Bruder Feirefis, nicht voll bestehen konnte, kommt seinem unentwegten, getreuen Streben nach dem höchsten Heil hier die Gnade von oben ergänzend und erfüllend entgegen. Er wird erhoben zum τέλειος ἄνθρωπος, zum vollkommenen Menschen, zum König des Grales. Geist, Seele und Körper sind nun in ihm selber verklärt und durchlichtet. Das geistig-seelisch-körperliche Urbild des Menschen leuchtet in Parzival neu auf. Das durch den Sündenfall verdunkelte Menschenbild erstrahlt wieder im Lichte seines reinen Ursprungs, ist aber mehr als das lichte Urbild, da es durch das Dunkel der Stoffeswelt hindurchgegangen ist und diese gewandelt mit sich ins Licht emporträgt. Wir erkennen deutlich aus den weiteren Worten Kundries, was es bedeutet, Gralskönig zu sein. Sie, die ihn einst verflucht hat, sagt jetzt zu ihm:

„Nun merke, Parzival!
Der höchste der Planeten, Zwal (Saturn),
Dazu der schnelle Almustri (Jupiter),
Almaret (Mars), glanzhell Samsi (Sonne),
Sie bringen Heil und Segen dir.
Der fünfte heißt Alligafir (Venus),
Den sechsten nennt man Alkiter (Merkur),
Und uns der nächst' ist Alkamer (Mond).
Was der Planeten Lauf umkreist,
Und was ihr Schimmer überglänzt,
So weit ist dir dein Ziel gegrenzt,
Das hast du Macht dir zu erwerben,
Nun muß dein Kummer ganz ersterben.
Des Herzens wilde Gier allein
Und sündige Genossenschaft
Verbietet dir des Grales Kraft.
Du hast der Seele Ruh' erworben,
Des Lebens Freud im Drang der Sorgen."

Darauf antwortet Parzival:

„Hält Gott mich sündgen Menschen wert,
Daß er so Großes mir gewährt,
Und meine Gattin, ist auch sie,
Und hab ich Kinder sind auch die
Zu gleichem Glück mit mir geladen,
So will Gott herrlich mich begnaden."

(782,5 — 783,10)

Wir sehen, Parzival wird hier nicht nur angesprochen als der vollkommene Mensch, sondern als der Beherrscher des ganzen Kosmos. Als Mikrokosmos ist der Mensch Abbild des Makrokosmos und trägt alle kosmischen Kräfte in sich selbst. Doch müssen wir mit Jakob Böhme hinzufügen: „Es ist aber der Geist des Menschen nicht allein aus den Sternen und Elementen herkommen, sondern es ist auch ein Funke aus dem Licht und der Kraft Gottes darin verborgen." *(Morgenröte im Aufgang,* Werke Bd. II, S. 28) Das heißt, der Mensch ist nicht nur Mikrokosmos, sondern auch Mikrologos. Darum vermag der zum kosmischen und überkosmischen Bewußtsein durchgedrungene, geistig erleuchtete Mensch die Sterne zu beherrschen wie der Menschensohn, der in der Johannesapokalypse alle sieben Wandelsterne in seiner Hand trägt (Apok. 1, 16). So werden durch den Schöpferlogos Kosmos, Erde und Mensch in Gott verklärt. Da kann der Mensch dann wahrlich von sich sagen, daß er des Lebens Freude im Drang der Sorgen sich erworben hat, daß er Seelenruhe und wahren Frieden gefunden hat.

Wenn Parzival in seiner Antwort noch Gott dafür dankt, daß sein Weib und sein Sohn Lohengrin mit zum Grale ziehen dürfen, so wird damit wiederum deutlich, daß Kondwiramur und Lohengrin gleichsam Teile von Parzivals Wesen sind. Mann, Weib und Kind sind hier nicht als Verwandtschaftsglieder, sondern als ein Wesen zu verstehen. Ohne Kondwiramur, die seine Geistseele repräsentiert, hätte Parzival nie den Gral erringen können. Lohengrin aber, der weiße Schwanenritter, ist das Symbol des durch Parzival in der Welt als Helfer der Bedrängten wirksam werdenden Heiligen Geistes wie im Johannesevangelium der von Christus gesandte Paraklet, der Tröster.

22. Der Weiheweg durch die Planetensphären im menschlichen Leben und im Parzival Wolframs

Die bedeutsamen Worte Kundries über die sieben Planeten finden ihre Erklärung auch noch von einer anderen Seite her.

Wir haben erkannt, daß der Ursprung der Gralsweisheit zu suchen ist in der Sternenweisheit des Altertums. Die ursprüngliche Gestalt der Gralssage wurde aus der Sternenschrift des Himmels abgelesen. Die Sternenkunde vom Gral wurde im frühen Mittelalter überliefert in einer arabisch-astrologischen Schrift, die der Meister Kyot zuerst in christlichem Sinne deutete. Aus diesem christlich-astrologischen Gralsbuch des Meister Kyot schöpft Wolfram von Eschenbach. Kundrie nennt hier die Planeten mit ihren arabischen Namen, wie sie noch in Wolframs Quellenschrift gestanden haben.

Leicht läßt sich nun zeigen, daß der ganze Aufbau von Wolframs Parzival, zweifellos im Anschluß an seine Hauptquelle, nach jenem Planetenrhythmus gegliedert ist, der von der klassischen Astrologie schon seit dem Altertum dem Ablauf des Menschenlebens zugrundegelegt wurde. Diese Zuordnung der Lebensepochen des Menschen zum Lauf der Planeten ist altes Mysterienwissen. Man vergleiche dazu z. B. Solon, *Elegie von den Hebdomaden des Menschenlebens* (Hiller-Crusius, Anthologia Lyrica p. 42 ff.) und Ptolemaios, *Tetrabiblos* IV,10. Noch der Philosoph Schopenhauer, der zu den überragenden Größen der modernen Philosophiegeschichte gehört, erklärt: „Der Lebenslauf des Menschen ist in den Sternen vorgezeichnet, sofern jedem Alter desselben ein Planet der Reihenfolge nach entspricht und sein Leben demnach sukzessive von allen Planeten beherrscht wird.“ (*Parerga und Paralipomena* Bd. I. cap. 6: Aphorismen zur Lebensweisheit) Zugrundegelegt wird hier dem Lebensrhythmus die sog. ptolemäische Reihe, welche die Planeten ihrer Umlaufszeit entsprechend ordnet, beginnend mit dem schnellsten, dem Mond, endend mit dem langsamsten, dem Saturn. Das ergibt dann die Folge: Mond, Merkur, Venus, Sonne, Mars, Jupiter, Saturn.

Jeder Mensch beginnt sein Erdenleben im Mutterleibe, durchdrungen und umhüllt von den mütterlichen Mondenkräften. Die Mutter und die Frau überhaupt ist bis ins Physische der menses hinein ein mondverbundenes Wesen. Der physische Körper in seinem weichen, bildsamen Zustand wird vom Monde beherrscht. Alle vegetativen, wäßrigen Prozesse offenbaren deutlich den Mondrhythmus. Das kleine Kind, das noch ganz im Bannkreis der Mutter lebt, ist ein Mondenwesen.

Das kindlich-jugendliche Alter vom siebten bis vierzehnten Lebensjahr ist dem Merkur zugeordnet. Das menschliche Leben ist auf dieser Stufe leicht beschwingt, behende, luftig und sanguinisch wie der leichtbeflügelte Götterbote Merkur. Der Körper streckt sich in diesen Jahren, Bewegungs- und Atmungsmächte, ätherische Wachstumskräfte walten da besonders stark im Körper. Springlebendigkeit und Beweglichkeit, wie sie das Merkurmetall Quecksilber zeigt, ist die Signatur dieses Lebensalters. Auch das vermittelnde Inbeziehungsetzen von Menschen und Dingen, die intellektuelle Kraft des Fragens, Forschens und Denkens sind Merkurqualitäten und werden in der Schulzeit vom 7. bis 14. Lebensjahr besonders rege. Parzival verlebt seine Monden- und Merkur-Zeit im Walde Soltane bei seiner Mutter.

Mit der Krisenzeit der Pubertät beginnt die Venusepoche im Menschenleben, welche die Zeit vom 14. bis 28. Lebensjahr umfaßt. Aus der Tiefe der Menschenseele taucht da urgewaltig die Welt des Fühlens empor. Diese wogende Welt der Gefühle im Jugendlichen ist Ausdruck dafür, daß seine seelischen Kräfte auf dieser Stufe erst voll zur Entfaltung kommen. Die Jugend wird sich jetzt ihres Eigenwertes bewußt. Es ist Frühling geworden im Leben. Jugendzeit ist Blütezeit. Venus ist die Göttin der Anmut und Lieblichkeit. Sie schenkt der Jugend den Enthusiasmus, die Begeisterung für alles Hohe und Edle. Sie weckt auch den Sinn für Zucht, Anstand, Höflichkeit und schöne Formen. Venus ist letzthin die Göttin der Harmonie und Liebe. Diese Venussphäre kommt bei Wolfram zur Darstellung in Parzivals Auszug in die Welt und in seinen ersten Abenteuern. Die Erziehung, welche er bei Gurnemanz genießt, wirkt auf ihn im Sinne einer äußeren venushaft-ästhetischen Bildung. Die Begegnung mit Kondwiramur, der „Führerin zur Liebe“, läßt ihn die hohe geistige Sphäre der Venus realisieren.

Nun fällt in die Mitte der Venusepoche, ins 21. Lebensjahr,

der Sonnenaufgang des Ich, das Mündigwerden des Menschen. Den Eintritt in diese Sonnen-Ichphase schildert Wolfram in Parzivals Erlebnis mit dem roten Ither, seinem Einzug in die Artus-Stadt, wo er zum Ritter wird. Die Sonnenepoche reicht vom 21. bis 42. Lebensjahr. Doch wirkt in der Zeit vom 21. bis 28. Jahr die Venus noch weiter, und die Zeit vom 28. bis 42. Jahre untersteht dem Mars. Mars ist das Energiezentrum des Kosmos, seinen Namen hat der Planet vom Kriegs- und Kampfgott. In der Marsepoche wird das aktive Willensleben im Menschen mächtig. Im Wollen und Handeln wird da der Mensch stärker bewegt von der Wirklichkeit als im Denken und Fühlen. So wie die Marsbahn umfassender ist als die Merkur- und Venusbahn, so ist das Grunderlebnis der Marsepoche im Leben umfassender, mächtiger und tiefgreifender als das Denk- und Gefühlserlebnis der Knaben- und Jugendjahre. Im Berufsleben kommt es zur vollen Ausbildung des Charakters. Es ist die Zeit des tätigen Mannes- und Ehelebens.

Die Mitte des 70 Jahre währenden, normalen Menschenlebens wird mit dem 35. Jahre erreicht. Bis zu diesem Jahre verbindet sich der Geist des Menschen immer stärker mit seinem physischen Leibe. Von da an setzt langsam die Lösung und der Wiederaufstieg des Geistes ein. In der Lebensmitte haben viele große Mystiker hohe Erleuchtungserlebnisse gehabt, das Aufleuchten des kosmischen Bewußtseins erlebt. Man vergleiche dazu das Buch von R. M. Bucke, *Kosmisches Bewußtsein* (Celle 1925). Die meisten Menschen aber sind solch geistigem Sonnenerlebnis in der Lebensmitte noch nicht gewachsen. Die Marssphäre überdeckt da das Sonnenerlebnis und läßt es nicht zur vollen Auswirkung kommen. Im geistbewußten Sinne vermag der Mensch in der Regel die Sonnensphäre, das Schloß der goldenen Sonne, erst im hohen Alter zu betreten. So versagt denn auch Parzival bei Wolfram, als er die Gralsburg, das Schloß der goldenen Sonne, zum ersten Male betritt. Ausgestoßen aus der Gralsburg und der Tafelrunde des Königs Artus, durchlebt nun Parzival in Auflehnung gegen sein Schicksal die schweren Kampf- und Abenteuerjahre seiner Marszeit.

Wenn der Mensch mit 42 Jahren aus der Marssphäre in die Jupitersphäre seines Lebens eintritt, weiten sich ihm die Horizonte. Die Marsepoche, das soldatische Lebensalter, geht zu Ende. Die scharfen Spannungen im Beruf und Lebenskampf lassen nach. Der Mensch lebt gelassener, weniger ich-verhaftet, nicht mehr einseitig befangen in den Kräften des Denkens, Fühlens und Wollens. Das voll entfaltete und real gelebte Denken, Fühlen und Wollen schwingt jetzt ineinander zu einem höheren Gesamtsinn, der dem Menschen ein tiefes Vertrauen in die Wachstumskräfte des Schicksals erschließt. Er dringt hindurch zu einer weisheitsvoll-überlegenen Lebensart und lernt es immer mehr, in gläubigem Gottvertrauen zu allem Ja zu sagen, was ihm das Schicksal bringt. Er erkennt im Schicksal in Wahrheit „geschicktes Heil“, wie die Etymologie des Wortes es andeutet (sal = salus, Heil). So manifestiert sich voll die Kraft des Planeten Jupiter, der die Lebensphase vom 42. bis 56. Jahre beherrscht. Jupiter, Zeupater, Dieu-Pater heißt soviel wie „Vater Äther“. Gemeint ist der strahlend blaue Himmel in der Natur und im Gemüte der Menschen. Jupiter war der Göttervater, er war der Inbegriff des Vertrauens, der Ehrfurcht und Gerechtigkeit. Er war der Stifter und Beschützer aller religiösen Satzungen. Die Jupitersphäre kommt in Parzival zum Durchbruch beim Einsiedler Trevrizent, wo er seine große Umkehr und Einkehr erlebt. Hier wird Parzival zum gläubigen Menschen. Bezeichnenderweise ist die Trevrizentszene, wie wir sahen, mitten hineingelegt in die Gawangeschichten, zwischen die Erzählung von Antikonie und Orgeluse. Denn Gawan wird mit seiner gläubigen und gottvertrauenden Haltung als ausgesprochener Jupitertypus von Wolfram charakterisiert.

Die letzte, zum Tode hinführende Epoche des Menschenlebens, die Zeit vom 56. bis zum 70. Lebensjahr, untersteht dem Saturn. Da erliegt der physische Körper des Menschen immer mehr der versteinernden Macht der Materie. Man denke nur an die Sklerose. Die materielle Welt, der Bereich des Physisch-Mineralischen, ist der spezielle Ausdruck der Saturnsphäre in der Natur. Das Aufhören des positiven Erlebens, das fortgesetzte Erleben des Negativen ist so etwas wie die Grenzform des menschlichen Schicksals. Entsprechend ist die Bahn des Planeten Saturn die Grenze unseres Planetensystems.*) Hier hat der Mensch seine schwerste Prüfung zu bestehen. Der Mensch muß die Not und Bedrängnis der Saturnkrise durchstehen, damit ihm der letzte Rest von Ich-Verhaftung ausgebrannt wird. Jetzt muß es sich erweisen, wieweit er erlebnismäßig durchgedrungen ist zum eigenen Geistkern, zum Gottes-Ich in seiner Seele. Wer das Gericht der Saturnkrise bestanden hat, der wird zum Überwinder des Schicksals und stößt durch in die höchste Freiheit der Sonnensphäre. Diese Saturn-Krise stellt Wolfram dar in dem Kampfe Parzivals mit Feirefis, der den physisch-mineralischen Körper und das Willensleben im Menschen repräsentiert.

Damit hat denn Parzival alle Planetensphären vom Mond bis zum Saturn durchlaufen. Als geläuterter Saturnier steigt er auf vom Glauben zum geistigen Schauen, von der Pistis zur Gnosis. Sein Bewußtsein weitet sich ins Kosmische und Überkosmische. In harmonischem Zusammenklang umfaßt er jetzt in sich selber alle Kräfte, die der Mensch stufenweise von der Geburt bis zum Tode entfaltet. Den aus den sieben planetarischen Metallen bestehenden Feuer-Glut-Strom, von dem der Bundehesh spricht, könnte er jetzt gefahrlos durchschreiten. Als Gralskönig dringt Parzival vor aus der Peripherie seiner Lebenskreise in das Zentrum, das alle Kreise bestimmt, aus dem Strom der Zeit in den schöpferischen Quellpunkt der Zeit, in die todüberlegene Ewigkeit. Da steht er denn inmitten der Wandelsterne als Herr seines Schicksals. Wie der Menschensohn in der Johannesoffenbarung (Apok. 1,16) trägt er die sieben Wandelsterne in seiner Hand. Denn er hat hingefunden zum Logos seines Lebens, zu seinem Gottes-Ich, das aus einer Sphäre ewigen Lebens stammt, die über allen Sternenkräften waltet. Wer mit Parzival den Weg von der „tumbheit" (Dumpfheit)

*) Die transsaturnischen Planeten gehören nach der Meinung unserer Astronomen nicht ursprünglich zu unserem System.

durch den „zwifel“ (Zweifel) zur „saelde“ (Seligkeit) gegangen ist, der hat das sichere Ruhen im Gottesgeiste schon auf der Erde errungen und kann aus ihm heraus nun sein Werk verrichten. Indem die Kraft des Jenseits da mitten im Diesseits aufbricht, schafft der Mensch an der werdenden Sonnenerde.

Der Name des Grals ist, wie wir schon früher erwähnten, abzuleiten von dem Wort „gradalis“. Gradus heißt „Stufe“ oder „Weihegrad“. Der Weg zum Gral war eine „via gradalis“, ein Stufenweiheweg durch die Planetensphären.*) Darum stand der Gral, die ganze ursprüngliche Gralssage in den Sternen geschrieben. Eine ausführliche Darstellung dieses Planetenrhythmus im Menschenleben hat der Verfasser in seinem Buche gegeben: *Menschenleben und Johannesevangelium im Lichte der Wandelsterne,* München 1958. Zur näheren Orientierung sei hier auf diese Schrift verwiesen.

23. *Parzival wird Gralskönig*

Wie Kundrie verkündet hat, wird Parzival zusammen mit Kondwiramur und Lohengrin zum Grale berufen. Kundrie erbietet sich, Parzival sogleich zur Gralsburg zu führen und sagt zu ihm:

„Lieber Herr, allein
Ein Mann soll dein Begleiter sein:
Den wähle!“

(783, 27—29)

Da wählt nun Parzival nicht Gawan, seinen besten Freund, sondern Feirefis, seinen Bruder. Wir erwähnten bereits, daß Parzival, Gawan und Feirefis die Dreiheit von Geist, Seele und Körper repräsentieren. Warum kommt dann Gawan nicht mit zur Gralsburg? Das, was Gawan verkörpert, ist in anderer Gestalt schon durch Kondwiramur gegeben. Darum sind jetzt Parzival, Kondwiramur und Feirefis zum Gral berufen, Parzival

*) Man vgl. Franz Rolf Schröder, a. a. O. S. 39—44.

als Vertreter des Geistes, Kondwiramur als Repräsentantin des fraulich-gemüthaften Seelenwesens, Feirefis als Symbolgestalt des körperlichen Willenswesens.

Gawan ist bestimmt zum Nachfolger des Königs Artus, zum zukünftigen Herrn der Tafelrunde, als Hüter der weltlichen Gerechtigkeit.

Der schwarz und weiße Feirefis wird auch deshalb von Parzival als Begleiter gewählt, weil er mit seinen 25 Heeren Repräsentant der ganzen Menschheit ist. Die ganze Menschheit soll dem Grale zugeführt werden, Heiden sowohl wie Christen. Alle Religionen sind Dialekte der e i n e n umfassenden Logos-Religion der ganzen Menschheit. Denn im Sinne des Johannesevangeliums (Joh. 1, 9—10) ist der Logos das Licht der Welt, das einen jeden Menschen erleuchtet und das in der Welt ist, noch bevor es in die Welt kommt. Die Realisierung des τέλειος ἄνθρωπος, des ὑπεράνθροπος, des „christlichen Übermenschen", ist nur möglich in Verbindung mit der Evolution der Menschheit. „Erst die Menschheit ist der ganze Mensch", sagt Goethe. „Ich muß wissen", schreibt Vivekananda in einem Brief vom 9. 8. 1895, „daß ich und mein Bruder einer sind. Das ist wahr für alle Länder und für alle Menschen." Deshalb nimmt Parzival seinen schwarz-weißen Bruder Feirefis mit zum Gral.

Endlich aber wählt er ihn auch deshalb als Begleiter, weil er Repräsentant der hohen Spiritualität Indiens ist. Wohl steht das u n i v e r s a l e E v a n g e l i u m, die Lehre vom „Ewigen Menschen", diese mikro- und makrokosmische Anthropologie in immer wieder gewandelter, aber im Grunde doch einheitlicher Gestalt hinter allen Hochreligionen vom Chinesischen Meer bis zum Persischen Golf und weiterhin bis zur Nordküste Afrikas. Indien aber genießt den Vorzug, daß dort die Lehre vom „Ewigen Menschen" ihren klassischen Ausdruck gefunden hat in den Upanishaden und in der Bhagavadgita. Diese erhabenen, heiligen Texte hat Wolfram von Eschenbach noch nicht gekannt. Aber um die entscheidende Bedeutung einer Synthese zwischen indischer Weisheit und abendländischem Denken hat er gewußt. Das wird im 15. Gesang des Epos, wo der aus

Indien kommende Feirefis und Parzival als feindliche Brüder aufeinandertreffen, klar zum Ausdruck gebracht. Wolfram weiß: Wenn Indien und Europa, die anscheinend feindlichen Brüder, sich in gegenseitig befruchtender Ergänzung die Hände reichen zum gemeinsamen religiösen Wirken, dann wird die verborgene geistige Menschheitskirche in strahlender Glorie aus dem Grabe auferstehen. Eben darin besteht die Weltsendung des Heiligen Gral.

Nun werden also Parzival und Feirefis von Kundrie zur Gralsburg geleitet. Dort leidet noch immer Anfortas. Gerade jetzt hat er bei Wiederkehr einer schweren Mars-Jupiter-Konstellation besonders heftige Schmerzen. Mars schlägt Wunden. Eine Mars-Jupiter-Konjunktion deutet auf verletzte heilige Satzungen hin. Anfortas hat, obwohl er dem Grale diente, ja sogar der Herr des Grales war, die heiligen Satzungen des Grales schwer verletzt durch seine sündige Liebe zu Orgeluse. Zur Strafe hat ihm der vergiftete Speer eines Heiden am Hoden die unheilbare Wunde beigebracht. Seit seinem Fall beherrscht er die Sterne nicht mehr, sondern ist von ihnen abhängig, muß das Geheimnis des Zusammenhangs von Mikro- und Makrokosmos besonders deutlich erfahren an der schmerzenden Wunde.

„Jetzt nahte wieder sich die Zeit,
Wo Jupiter und Martis Bahnen
Zornbringend sich zu nahn begannen
Dem Ziel, von dem ihr schneller Lauf
Zum Kreislauf wieder steiget auf.
Dann nahten schwere Leidensstunden,
Denn es empfand in seinen Wunden
Held Anfortas so schwere Qual,
Daß Fraun und Ritter überall
Vernahmen des Gequälten Schrei.
Unheilbar waren seine Wunden,
Und griffen sie auch jammernd zu,
Nichts brachte seine Qual zur Ruh."

(789, 4—18)

Seitenlang wird uns berichtet, was alles zu des Anfortas Heilung versucht wurde. Als Parzival nun zu ihm geführt wird, bittet Anfortas ihn, daß er ihm den Gral eine Woche lang verhülle, damit er sterben könne. Parzival ist zutiefst erschüttert, weinend wirft er sich zur Erde und fleht die göttliche Dreifaltigkeit an um Erlösung des Anfortas. Dann stellt er die Frage, die er beim ersten Besuch der Gralsburg unterlassen hat: „Oheim, was wirret dich?“ Parzival ist selber durch Schuld, Leiden und schwere Wirren hindurchgegangen und daran gereift. Er versteht jetzt, daß auch Anfortas den Wirren des Lebens erlegen ist, indem er sich in Orgeluse verliebte und dem Geist die Treue brach. Sein lebendiges Verstehen, sein Mitleiden und sein Gebet machen nun Anfortas gesund. Wie Lazarus durch Christus vom Tode erweckt wurde, so erhebt sich jetzt Anfortas von seinem Schmerzenslager in strahlender Schönheit. Parzival aber wird anschließend zum Gralskönig erhoben.

Von Kundrie benachrichtigt, macht sich nun auch Kondwiramur mit ihren beiden Söhnen auf den Weg zur Gralsburg. Parzival zieht ihr entgegen. Unterwegs kommt er noch einmal zu Trevrizent. Der freut sich sehr, als er hört, daß Anfortas geheilt und Parzival Gralskönig geworden ist. Dann sagt er zu Parzival: „Ein größeres Wunder ist kaum je geschehen, als daß Ihr es Gott abtrotztet, Euren Wunsch zu erfüllen“ (798, 1—5). Früher hatte er zu Parzival gesagt: „Den Gral kann man nicht erjagen, man muß dazu berufen und begnadet sein“ (468, 10—14). Die Worte stehen nur scheinbar zueinander im Widerspruch. In Wirklichkeit sind sie beide wahr. Man soll nicht meinen, man könne den Gral durch eigene Verdienste erwerben. Trotzdem aber soll man mit allen Kräften nach dem Höchsten streben. „Nahet euch Gott, so wird sich Gott euch nahen“, heißt es im Jakobusbrief (4,8). Aber mit unserem Streben allein können wir das Göttliche nie erzwingen. Dem menschlichen Streben muß die göttliche Gnade von oben her entgegen kommen. Beides gehört zusammen: das stete und unermüdliche Streben des Menschen, wie Parzival es bei seiner Suche nach dem Gral bewiesen hat, und die Begnadung durch die Liebe von oben. So heißt es ja auch am Ende von Goethes Faust: „Wer immer strebend sich bemüht, den können wir erlösen. Und hat an ihm die Liebe gar von oben teilgenommen, begegnet ihm die sel'ge Schar mit herzlichem Willkommen."

An der Stelle, wo Parzival vor fünf Jahren (799,3) die drei Blutstropfen im Schnee gesehen hat (802,1 ff.), trifft er mit Kondwiramur und seinen beiden Söhnen zusammen. Eine feierliche Messe wird dort abgehalten. Dann verleiht Parzival seinem Sohn Kardeis seine drei weltlichen Königreiche: Waleis, Norgals und Anjou, und vertraut darauf den Knaben der Fürsorge seines Erziehers an. Den zweiten Sohn, Lohengrin, aber nimmt er mit auf die Gralsburg. Auf dem Wege dorthin kommt er ein letztes Mal an Sigunes Klause vorbei. Er findet sie tot in ihrer Zelle. Da wird sie von Parzival ins Grab gelegt zu ihrem Bräutigam Schionatulander. So sind denn die Liebenden, die Leidenden vereint. Das ist ein Ausdruck für Parzivals letzte Wandlung. Wie die Liebenden im Tode vereint sind und der Tod damit für sie überwunden ist, so ist auch für Parzival der Tod im Leben überwunden, seitdem er Gralskönig geworden ist.

Als Parzival mit Kondwiramur und Lohengrin in der Nacht vor dem Dreifaltigkeitssonntag auf der Gralsburg ankommt, ist die ganze Burg mit zahllosen Kerzen erleuchtet. Dort wird nun ein großes Gralsfest gefeiert, bei dem Parzival zum ersten Male als Gralskönig den Vorsitz führt. Drei große Feuer brennen im Saal wie damals, als Parzival zum ersten Male auf die Gralsburg kam. Wieder zieht wie damals die feierliche Prozession der Jungfrauen mit dem Gral herein.

„Ihr hörtet von dem Gral genug,
Wie man vor Anfortas ihn trug:
So trug der Dienst ihn heut im Saal
Vor Parzival und sein Gemahl.
Einzogen feierlich gereiht
Die Jungfrauen von des Grals Geleit.
Doch sieh', nun kommt Repanse gar
Und überstrahlt die ganze Schar;

Sie, der der Gral in Händen lag,
Sie blühte wie ein Maientag.
Von dieser werten Maid allein,
Von keiner andern, hört ich sagen,
Ließ sich des Grales Wunder tragen.
Ihr Herz erfüllt die Demut ganz,
Ihr Antlitz strahlt im Schönheitsglanz."
(808,23 — 809,14)

Der Gral spendet dann seine Lebensgaben. Aber bei diesem Gralsmahl fehlt bedeutsamer Weise die blutende Lanze, Anfortas ist geheilt. Das heißt: Sündenfall, Leiden und Tod sind überwunden.

24. Die Taufe des Feirefis und seine Ehe mit der Gralsträgerin

Feirefis aber kann den Gral nicht schauen. Er sieht nur die Gralsträgerin Repanse de Schoye und wird von heftiger Liebe zu ihr ergriffen. Er begehrt ihre Minne. Sie wird ihm zugesagt, wenn er sich taufen ließe. Im Gralstempel wird er dann am Dreifaltigkeitssonntag auf den Namen der göttlichen Dreifaltigkeit getauft. Da öffnet sich auch ihm das Geistesauge, mit dem er den Gral schauen kann. Feirefis kommt also zum Gral dadurch, daß Parzival, der zum Gral Bestimmte, ihn als seinen Begleiter mitnimmt und durch die Liebe zur Gralsträgerin Repanse. Von ihr wird gesagt, daß der Gral sich alleine von ihr habe tragen lassen, weil ihr Herz ganz von Demut erfüllt ist und sie in überirdischer Schönheit erstrahlt. Durch sie wird der Mensch des Ostens für das Christentum gewonnen und kann, indem er die Geisttaufe empfängt, auch selber den Gral schauen.

Heute aber sieht der Mensch des Ostens, wenn er auf den Westen blickt, keine liebenswerten und vom Christusgeiste erfüllten Menschen. Der große Inder Sadhu Sundar Singh, der selber ähnlich wie Paulus vor Damaskus durch ein Erleuchtungserlebnis zu Christus hinfand, mußte den westlichen Menschen zurufen: „Eure Haut ist weiß, aber euer Herz ist schwarz. Ihr nennt uns Götzenanbeter, aber ihr betet euch selber an.“ (Friedrich Heiler, *Sadhu Sundar Singh,* München 1925, S. 58 und 61) So versäumt heute der Westen seine Aufgabe, dem Osten den Christusimpuls zu vermitteln, wenn er nicht ein wahres Christentum darlebt. Das Christentum kann man nicht missionarisch predigen oder lehren. Das Christentum ist keine Lehre, das Christentum ist Existenz-Mitteilung, Wesensübertragung durch die geistige Strahlkraft des gegenwärtigen, kosmischen Christus. Denn „Christus hat“, wie Kierkegaard einmal richtig sagt, „nicht Dozenten angestellt, sondern Nachfolger“. Auf die Verwirklichung Gottes im Leben kommt alles an. Religion ist lebendige Gotteserfahrung, nicht die Lehre von unseren Gottesvorstellungen. Alle Glaubensstreitigkeiten sind fruchtlos.

Die Taufe, welche Feirefis begehrt, weil er von der Schönheit, Herzensreinheit und Demut der Gralsträgerin ergriffen ist und in Liebe zu ihr entbrennt, wird ihm im Gralstempel zuteil. Der Gralsstein selber spendet das Taufwasser.

„Das Wasser gibt den Bäumen Saft,
Befruchtend wirkt des Wassers Kraft
Auf alle Kreatur der Welt.
Des Wassers Tau das Aug' erhellt;
Das Wasser wäscht die Seele rein,
Kein Engel könnte reiner sein.“

(817, 25—30)

Diese Gralstaufe ist eine Geisttaufe und hat wenig zu tun mit der kultischen Taufe einer christlichen Konfession. Zwar kennt auch die christliche Theologie die Geisttaufe als Begierdetaufe, die dem nach Vollkommenheit strebenden Menschen zuteil werden kann ganz unabhängig von aller Konfession. So läßt auch Dante in seiner *Göttlichen Komödie* den Trojaner Ripheus 1000 Jahre vor Christi Geburt, also lange bevor es eine christliche Taufe gab, die Geisttaufe empfangen und ins himmlische Paradies gelangen. Die seit dem Ende des 2. Jahrhunderts im Christentum üblich gewordene Kindertaufe ist nur ein kümmerlicher Rest der ursprünglichen Erwachsenen-Taufe, welche die Selbstverantwortlichkeit des Täuflings voraussetzt. Von ihr konnte Justinus der Märtyrer um 150 n. Chr. in seiner *Ersten Apologie* Kap. 61 noch schreiben: „Dieses Bad heißt bei uns Erleuchtung, weil die, welche es an sich erleben, im Geiste erleuchtet werden." Von solcher Erleuchtung ist bei der zu einer bloßen Kindersegnung abgesunkenen Taufe nichts mehr zu spüren.

Bei Feirefis aber führt die Gralstaufe zur geistigen Erleuchtung und öffnet sein Geistesauge für den heiligen Gral. Sie ist Existenzmitteilung der Doxa des kosmischen Christus. Er wird durch sie hineingehoben in den Leben aus dem Tode zeugenden Ätherstrom, der im Mysterium von Golgatha seinen Ursprung nahm und sich seitdem durch alle Welt ergießt. Unmittelbar anschließend an die Taufe erhält Feirefis die Gralsträgerin Repanse de Schoye zur Gattin. Danach heißt es weiter:

„Und als die Taufe war geschehn,
Am Grale man geschrieben fand:
Welchem Templer Gottes Hand
Eine fremde Herrschaft übertragen,
Der sollte sich nie lassen fragen
Nach seinem Namen und Geschlecht,
Nur helfen zu Gesetz und Recht.
Doch müßt er scheiden am gleichen Tage,
Wenn man ihm täte diese Frage."

(818, 24 — 32)

Das bezieht sich auf die Lohengrinsage, die am Ende des Epos noch kurz erzählt wird. Als Lohengrin, der Sohn Parzivals, erwachsen ist, wird er als der weiße Ritter, als Schwanenritter, zum Beschützer und Gemahl der Herzogin Elsa von Brabant. Aber man darf diesen Schwanenritter nicht nach seiner Herkunft fragen, darf das Mysterium des Grales nicht in rationalen Begriffen erfassen und allgemein verständlich machen wollen. Esoterische Wahrheiten kann man nur selbst intuitiv erleben oder bildhaft darstellen. Eine Intellektualisierung vertragen sie nicht; die kann nur zerstörend auf sie wirken. Weil die Herzogin in diesem Punkte versagt, muß Lohengrin sie verlassen und auf die Gralsburg zurückkehren. Das intellektuelle Denken muß gewandelt werden in ein bildhaft-symbolisches, geistiges Schauen. Die Weisheit des Grales kann nur mit einem kosmisch geweiteten Bewußtsein aufgenommen werden. Darauf weist Wolfram am Ende seines Epos mit der Lohengrinsage noch einmal mahnend hin.

Feirefis zieht nun mit seiner Gattin Repanse de Schoye nach Indien. Inzwischen ist seine erste Frau, Sekundille, gestorben. Als Sohn des Feirefis und der Gralsträgerin Repanse wird von Wolfram genannt der Priesterkönig Johannes (822, 23 — 27). Er vereinigt in sich geistige Autorität mit weltlicher Gewalt und wird „rex regum", „König der Könige", genannt. In der Sage wird der Priesterkönig Johannes zum Symbol für den unsichtbaren „Weltkönig". Im *Titurel* des Albrecht von Scharffenberg wandert der Gral nach Indien, in das symbolische Reich des Priesters Johannes. Dort übernimmt Parzival dann selbst das Amt des Priesters Johannes. Den Völkern des Westens geht auf diese Weise der Gral verloren, weil sie sich einem sündhaft-materiellen Leben ergeben haben. Die enge Verbindung von indischer Weisheit und Gralsweisheit kommt in diesen Sagen deutlich zum Ausdruck.*) Heute kann der Gral von Indien wieder nach Europa gebracht werden. Richtig schrieb die christliche Mystikerin Johanna van der Meulen schon im Jahre 1946: „Ich glaube, daß die Vedanta-Weisheit die einzige Rettung sein kann für ein verknöchertes Christentum, das nur mental, aber nicht geistig in die tieferen Geheimnisse der Religion einzudringen vermag." Es sei hier verwiesen auf des Verfassers Schrift *Die Weisheit der Veden und Upanishaden im Lichte des West-Ost-Problems* (Turm-Verlag, Bietigheim 1962).

*) Man vergleiche dazu: Julius Evola, *Das Mysterium des Grales*, München-Planegg 1955, S. 67 ff. u. S. 187.

XIII. Gralschristentum als esoterisches Christentum des Heiligen Geistes

Es ist bedeutsam, daß die Schlußsinfonie des Parzival in die Pfingstzeit, in die Woche zwischen Pfingsten und Dreifaltigkeits-Sonntag fällt.*) Die erste Begegnung Parzivals mit dem Gral fand an einem Michaelistage statt. Seine große Umkehr und Einkehr erlebt er bei Trevrizent an einem Karfreitag. Zum Gralskönig wird er in der Pfingstzeit. Joachim von Fiore, der große kalabrische Seher (1145 — 1202) und ältere Zeitgenosse Wolframs, gliederte die Geschichte des Christentums in das Zeitalter des Vaters, des Sohnes und des Heiligen Geistes. Das Zeitalter des Vaters ordnete er dem Alten Testament zu, das Zeitalter des Sohnes dem Neuen Testament, dem historischen Evangelium. Das Zeitalter des Geistes aber sah er heraufkommen als ein pfingstliches Christentum des Heiligen Geistes, wo das Ewige Evangelium gleich dem Vollglanz der Sonne der ganzen Menschheit leuchten wird. Gralschristentum, will Wolfram uns sagen, ist esoterische Vollendung des Christentums, ist das von Joachim von Fiore prophezeite Christentum des Heiligen Geistes. Und eben darin liegt die Weltsendung des Heiligen Gral.

Bedenken müssen wir dabei freilich, daß Heiliger Geist im christlichen Sinne nicht leibfern und weltfremd ist. Er ist vielmehr die in alle Lebens-, Gefühls- und Gedankenbereiche eindringende Kraft Gottes, das Leibhaftwerden Gottes in Zeit und Welt, in Sinnen, Fleisch und Blut. Der heilige Gral ist ja Symbol der Sonnenerde und will die Kraft des Jenseits mitten im Diesseits aufbrechen lassen, um das ganze Menschenwesen,

*) Man vergleiche zur Frage der Chronologie des Parzival Walter Johannes Stein, *Weltgeschichte im Lichte des heiligen Gral,* Stuttgart 1928, S. 418 ff.

den ganzen Kosmos leiblich, seelisch und geistig dem Tode zu entreißen. So erfüllt sich der Weg des Christen auf der Erde. Der Christ ist der Welt zugewandt, will Gott in der Welt und im Zeitenstrom begegnen.

Der Mensch des Ostens ist dagegen der Welt abgewandt. Alle Religionen des Ostens suchen die große Befreiung aus den Banden der Welt, das Aufgehen des Menschen im seinslosen Nirvana, im leibfreien Samadhi oder im Ungrund des Tao. Die Religionen Großasiens kennen in der Mehrzahl keinen persönlichen Gott als letzten Seinsgrund, kein Leibhaftwerden des Geistes in der Geschichte. Ihr Auftrag ist das Aufgehen des persönlichen Ichbewußtseins im überpersönlichen Ewigkeitsbewußtsein. Der Osten betrachtet Leib, Seele, Welt und Zeitenstrom als Maya, als zu überwindende Scheinwirklichkeit.

Christus aber stellt die Ganzheit der Schöpfung, die Geist, Seele und leibhafte Natur umfaßt, wieder her, indem der Geist eingeht in Natur und Seele, sie transparent macht für Gott und dadurch Seele und Leib verwandelt und verklärt, um so eine neue, todüberlegene Schöpfung erstehen zu lassen. Als wirklich gilt da nur der sich in persönlicher Bewußtseinsentwicklung offenbarende und sich im Leben bewährende Geist. Der Geist drängt im Christentum zu Verwirklichung und Formwerdung, zu Verwandlung und Verklärung der Natur und des Leibes. Die Verklärung der Natur, die reale Vereinigung von Fleisch und Geist — das ist der Kampf für das Reich Gottes auf Erden. Es ist das eigentliche Ziel und die Aufgabe aller persönlichen Entwicklung.

Diesem Ziel wollen die Eingeweihten des heiligen Grales dienen. Sie erstreben dabei eine schöpferische Synthese, nicht einen intellektuellen Synkretismus, zwischen den Hochreligionen Asiens und dem Christentum, zwischen östlicher Weisheit und westlichem Denken. Sie begründen eine eigene Esoterik, die der „Fröhlichen Wissenschaft“ und dem Minnedienst der provenzalischen Troubadoure sowie den Idealen der Tempelritter näher verwandt ist als der asketischen Bewegung der östlich orientierten Katharer und Albigenser. Indem der Tempelritterorden die Kriegerideale des weltlichen Rittertums mit den asketischen Idealen des Mönchtums und einer eigenen christlichen Esoterik verband, stand er der „geistigen Ritterschaft des Grales“ nahe. Deswegen nennt Wolfram die Gralsritter in seinem Epos „Templeisen“. Der Großmeister des Tempelritterordens führte Adler und Kreuz in seinem Wappen, um auf die Vereinigung weltlicher und geistlicher Ideale hinzudeuten.

Zwar müssen im allgemeinen die Gralsritter auf Frauenminne verzichten. Der Gralskönig aber soll sich eine Frau wählen, deren Namen am Gralesstein erscheint. Auch die vom Gral zu Landesfürsten bestimmten Ritter, wie z. B. Lohengrin, sollen heiraten. Die Jungfrauen, welche dem Grale dienen, dürfen ebenfalls heiraten, wie z. B. Repanse de Schoye und Herzeloyde geheiratet haben. Der Gral verlangt nicht allgemein ein mönchisch-asketisches Leben von denen, die ihm dienen (495, 1 — 12). Die Gralsritter führen das Schwert des Geistes auch in dieser Welt und für diese Welt. So ist denn Wolframs Epos ebensosehr ein ritterlich-weltliches Epos wie ein geistlich-esoterisches Epos. Wolfram selber war vom Geiste des Rittertums so sehr durchdrungen, daß er das Schildesamt höher stellte als seinen dichterischen Beruf. Im Parzival sagt er wörtlich:

„Zum Schildesamt bin ich geboren:
Sind Kraft und Mut an mir verloren —
So dünket deren Sinn mich krank,
Die mich nur minnt um meinen Sang.“
(115, 11 — 14)

Er konnte auch — was damals nicht selten vorkam — weder lesen noch schreiben.

„Ich kenne keinen Buchstaben.
An Büchern mag, wer will, sich laben:
Diesen meinen Abenteuern
Sollen keine Bücher steuern.“
(115, 27 — 30)

Und im Willehalm (2, 19 ff.) heißt es:

„Denn was in Büchern steht geschrieben,
Ist mir doch immer fremd geblieben,
Und stell ich mich gebildet dar,
Mein Sinn mein einz'ger Lehrer war.“

Sein Sinn, d. h. seine Intuition, ist es, von der er sich führen läßt. Sein Grals-Epos ist kein Buch, sondern inspirierte Dichtung. So fühlt er sich zugleich als weltlicher Ritter und als geistig inspirierter Esoteriker. Klar weist Wolfram mit den Schlußversen seines Werkes auf diese seine sowohl geistliche wie auch weltliche Orientierung hin:

„Durch Abenteuer mannigfach
Hab ich, Wolfram von Eschenbach,
Herrn Parzival zum Ziel begleitet,
Das ihm vom Glücke war bereitet.
Wes Leben so sich endet,
Daß er Gott nicht entwendet
Die Seele durch des Leibes Schuld
Und er daneben doch die Huld
Der Welt mit Ehren sich erhält,
Der hat sein Leben wohl bestellt.
Mich dünkt, daß Fraun von echtem Sinn
Ich fortan umso werter bin,
Wenn eine gütig zu mir spricht,
Weil ich vollendet dies Gedicht.
Geschah das einer Frau zu Ehren,
Soll sie mir holden Dank gewähren.“

(827, 12 — 30)

ARTHUR SCHULT

Menschenleben und Johannes-Evangelium
im Lichte der Wandelsterne

216 Seiten

Das Johannes-Evangelium als Offenbarung
des kosmischen Christus

520 Seiten

Urgeschichte der Menschheit
Die biblische Schöpfungsgeschichte
im Lichte der Mysterienweisheit

209 Seiten

Weltenwerden und Johannes-Apokalypse

384 Seiten

Vom übersinnlichen Wesen des Menschen

Turm-Bücherei 15/16, 124 Seiten

Pfingstgeist und Christentum

Turm-Bücherei 6/7, 98 Seiten

Das Damaskuserlebnis des Apostels Paulus
und die Gegenwart Christi

Turm-Bücherei 4/5, 90 Seiten

TURM-VERLAG, 712 BIETIGHEIM

ARTHUR SCHULT

Astrosophie
Kosmische Signaturenlehre des Menschenbildes
2 Bände, zus. 718 Seiten

Dantes Divina Commedia als Zeugnis
der Tempelritter-Esoterik
745 Seiten

Eros und Agape
Turm-Bücherei 23/24, 76 Seiten

Maria — Sophia
Das Ewig-Weibliche in Gott, Mensch und Kosmos
Turm-Bücherei 2/3, 84 Seiten

Die Weisheit der Veden und Upanishaden
im Lichte des West-Ost-Problems
Turm-Bücherei 8/9, 122 Seiten

Mysterienweisheit im Deutschen Volksmärchen
292 Seiten

Zeit und Ewigkeit im Jahreskreis
408 Seiten